THE ACTIVE PARTICIPATION REVISITED

LA PARTICIPATION ACTIVE

100 ANS APRÈS PIE X ET 40 ANS APRÈS VATICAN II

TEXTES ET ÉTUDES LITURGIQUES
STUDIES IN LITURGY

XIX

THE ACTIVE PARTICIPATION REVISITED

LA PARTICIPATION ACTIVE

100 ANS APRÈS PIE X ET 40 ANS APRÈS VATICAN II

edited by

Jozef LAMBERTS

ABDIJ KEIZERSBERG
FACULTEIT GODGELEERDHEID

PEETERS
LEUVEN
2004

ISBN 90-429-1538-2 (Peeters-Leuven)
ISBN 2-87723-828-8 (Peeters-France)

D/2004/0602/140

TABLE DES MATIÈRES

A COLLOQUIUM ON ACTIVE PARTICIPATION

From the 20th trough the 21st of October 2003, the Liturgical Institute of the Faculty of Theology of the Catholic University Leuven organized its 16th international liturgical colloquium in the abbey of Keizersberg (Mont César). The aim of these biannual colloquia is to gather together internationally recognized liturgical and other scholars around contemporary liturgical topics in order to interchange the results of their research and to communicate them towards a broader body of interested people.[1] This time the topic presented so to say itself to the leaders of the institute. Indeed, the year 2003 gave the Liturgical Movement occasion for celebrating a double anniversary. Moreover, this double anniversary was so important that each liturgical institute that deserves that name could not allow itself to miss the opportunity.[2]

Firstly, hundred years ago, more precisely on November 22, 1903, pope Pius X in his *motu proprio* on sacred music, *Tra le sollecitudini*, used the famous notion of 'active participation'. This term was taken over by the Liturgical Movement that started with the endeavor of Dom Lambert Beauduin, a monk of the abbey of Mont César, to make the liturgy no longer a mere clerical affair but an authentic celebration by the congregation of the faithful.[3]

---

1. The proceedings of the previous colloquia are to be found in the earlier volumes of this review and in the series *Textes et Études Liturgiques – Studies in Liturgy* the list of which is on the cover of this volume.

2. The 'Institut Supérieur de Liturgie' in Paris on 3-4 December 2003: 'L'actualité du mouvement liturgique. Colloque pour le 40ème anniversaire de la Constitution sur la liturgie *Sacrosanctum Concilium* du Concile Vatican II'. The Liturgical Institute Sant'Anselmo in Rome on 11 December 2003: '*Sacroscanctum Concilium*, 40 anni dopo. Giornata di studio per commemorare la Costituzione sulla Liturgia'. The 'Liturgisches Institut' in Trier on 4 December 2003: '40 Jahre Konstitution über die heilige Liturgie'. The 'Institut für Liturgiewissenschaft' in Freiburg (Switzerland) on 28-29 November 2003: '40 Jahre Liturgiekonstitution des Zweiten Vatikanische Konzils'. The 'Seminar für Liturgiewissenschaft' in Münster on 14-15 November 2003: 'Liturgie im Bistum Münster auf dem Weg zum II. Vatikanum'.

3. J. Lamberts, "Paus Pius X en de actieve deelneming," in *Tijdschrift voor Liturgie* 71 (1987) 293-306. Id., "Active Participation as the Gateway towards an Ecclesial Liturgy," in Ch. Caspers – M. Schneiders (eds.), *Omnes circumdastantes: Contributions*

The Liturgical Movement that during the first half of the twentieth century was characterized by stirring times saw its endeavor rewarded when on December 4, 1963, the first document promulgated by the Second Vatican Council, the Constitution on the Sacred Liturgy (*Sacrosanctum Concilium*), not only made active participation as its key-notion but more specifically indicated a number of conditions to realize it.[4] Moreover, the constitution called this active participation the Christian people's "right and duty by reason of their baptism."[5] The promulgation of this renewing constitution is the second anniversary we celebrated by our colloquium.

Both anniversaries are of course not independent from each other. The link which unites them is precisely the notion 'active participation'. After forty and hundred years it is not sufficient to gratefully remember these important historical dates, but it incites us to investigate whether and in what sense the ideals of before are yes or no realized, whether the notion received gradually a new content and has opened the way for new notions that seem to be important for our liturgy, such as assembly, ecclesial liturgy, inculturation, etc. This explains why we have chosen as title for our colloquium: "The active participation in liturgy revisited. One hundred years after *Tra le sollecitudini* and forty years after *Sacrosanctum Concilium*."

Paul De Clerck,[6] a worldwide respected professor of liturgy at the *Institut Supérieur de Liturgie* in Paris, where he served as director until

---

towards a History of the Role of the People in the Liturgy (Kampen, 1990) 234-261. Id., "Dom Lambert Beauduin en het begin van de Liturgische Beweging," in *Jaarboek voor Liturgie-onderzoek* 8 (1992) 235-271. Id., "The Abbey of Mont-César in Louvain One Hundred Years Young," in *Worship* 73 (1999) 425-442.

4. J. Lamberts, *De vernieuwde liturgie van de eucharistieviering en de actieve deelneming*, Nikè-reeks, 12 (Leuven-Amersfoort, 1985).

5. *Sacrosanctum Concilium*, n. 14.

6. Among his many publications we mention: P. De Clerck, *L'intelligence de la liturgie* (Paris, 1995, [2]2000). Id. - L.-M. Chauvet, *Le sacrement du pardon, entre hier et demain* (Paris, 1993). Id. - E. Palazzo, *Rituels. Mélanges offerts au Père Gy, o.p.* (Paris, 1990). Id. - J. Gelineau, *Vincolo di carità. La celebrazione eucaristica rinnovata dal Vaticano II* (Rome, 1995). Id., "Les fidèles divorcés remariés et leur réconciliation avec l'église," in *Intams Review* 2 (2002) 165-177. Id., "Theology of the Liturgy, 'for the glory of God and the salvation of the world'," in *Studia Liturgica* 30 (2000) 14-31. Id., "Les évolutions de la confirmation à travers les siècles," in *Questions Liturgiques / Studies in Liturgy* 79 (1998) 214-228. Id., "La dissociation du baptême et de la confirmation au haut moyen âge," in *La Maison-Dieu* 168 (1986) 47-75. Id., "Les épiclèses des nouvelles prières eucharistiques du rite roman: leur importance théologiques," in *Ecclesia orans* 16 (1999) 189-208. Id., "Vers une reconnaissance de l'ecclésialité du baptême," in *La Maison-Dieu* 235 (2003) 137-153. Prof. De Clerck also gave a paper during our

recently, and is still the editor in chief of the liturgical review *La Maison-Dieu*, started our colloquium with a historical retrospect on the evolution of the notion 'active participation' from Pope Pius X up to the eve of Vatican II. In the first part of his paper he discusses the success of the notion within the Liturgical Movement and how its promoters tried to realize it notwithstanding strong reaction and opposition. In the second part that begins with the foundation of the *Centre de Pastorale Liturgique* in Paris in 1943 he demonstrates how the efforts of the previous period seemed to become effective through a number of important liturgical renewals that have paved the way for the decisions of the Second Vatican Council on liturgy.

We asked Paul Post,[7] professor of liturgical studies at the Tilburg Faculty of Theology and director of the Liturgical Institute located in Tilburg (The Netherlands), to make a balance of the current situation and to present some perspectives of what 'active participation' could mean in that context. He has entitled his paper that contains much recent figures and orienting bibliographical material: 'Panorama of Current Ritual-Liturgical Inculturation and Participation in the Netherlands: Sketch and Perspective'. As an introduction he first demonstrates that we are moving from active participation towards liturgical inculturation. Liturgical inculturation seems to be a more encompassing notion that does not exclude active participation. On the contrary it puts this active participation in a new context. He further describes a very broad panorama of current ritual-liturgical participation more specifically in the Netherlands. The examples he gives are also recognizable in other Western countries that are confronted with post-modernity. He differentiates between three main clusters of repertoires: core- or parish liturgy; 'extra-parochial': media, devotional rituals, manifestations and events, Taizé-services, spiritual centers, etc.; the general ritual milieu,

---

colloquium in 1991: P. De Clerck, "Le langage liturgique: sa nécessité et ses traits spécifiques," in *Questions Liturgiques* 73 (1992) 15-35.

7. In order to offer some orientation we mention from his extensive bibliography: P. Post, *Het wonder van Dokkum. Verkenningen van populair religieus ritueel* (Nijmegen, 2000). Id. (ed.), *Een ander huis. Kerkarchitectuur na 2000*, Liturgie in perspectief, 7 (Baarn, 1997). Id. – J. Pieper – M. van Uden, *The Modern Pilgrim: Multidisciplinary Explorations of Christian Pilgrimage*, Liturgia condenda, 8 (Leuven, 1998). Id. – G. Rouwhorst – L. van Tongeren – A. Scheer (eds.), *Christian Feast and Festival. The Dynamics of Western Liturgy and Culture*, Liturgia condenda, 12 (Leuven, 2001). Id., "Silent Procession: Ritual-Liturgical Perspectives of an Emerging Popular Dutch Ritual," in *Studia Liturgica* 32 (2000) 89-97. Prof. Post gave a paper at the occasion of our 13th colloquium: Id., "Religious Popular Culture and Liturgy: An Illustrated Argument for an Approach," in *Questions Liturgiques / Studies in Liturgy* 79 (1998) 14-58.

with the so-called emerging rituals. In a third part Post looks at the repertoire-developments in more detail and discusses the ritual-cultural inculturation, the rites paradox, and the perspective of peripheral/extra-ecclesiastical celebration.

Since 'active participation' is sometimes interpreted in a sense to let do people as much as possible, we were thinking it could be illuminating and stimulating to reconsider the spiritual and mystagogical dimensions of liturgy as the celebration of our Christian mysteries of faith. What is the meaning of 'active participation' in that context? These aspects being to some extent more perceptible in the Byzantine liturgy, we asked father dr. Thomas Pott of the ecumenical abbey of Chevetogne (Belgium) and teaching at *Sant'Anselmo* in Rome to be our guide.[8]

One of the most important renewals that have contributed to the realization of 'active participation' after Vatican II is undoubtedly the introduction of the vernacular in liturgy. In the Dutch speaking countries there is probably nobody else who has contributed so much to this realization as Huub Oosterhuis.[9] We were very happy to have Oosterhuis himself among us to speak about the language of liturgy. His speech was open for a broader public since we organized it in cooperation with the University Parish of Leuven that celebrated its fortieth anniversary.[10] In this volume, however, we do not give a translation of his speech since it

8. Th. Pott, *La réforme liturgique byzantine. Étude du phénomène de l'évolution non-spontanée de la liturgie byzantine*, Bibliotheca 'Ephemerides Liturgicae'. 'Subsidia', 104 (Rome, 2000).

9. Already the Flemish liturgical song book 'Zingt Jubilate' from 1979 contains 54 lyrics that have been written by Oosterhuis, the majority of which in cooperation with the late Bernard Huybers (†2003) as musical composer. Zie o.m. H. Oosterhuis, *Bid om vrede* (Utrecht, 1966). Id., *In het voorbijgaan* (Baarn, 1968). Id., *De dag die komt. Het bijbelse geloofsverhaal: woorden om te doen. Overwegingen, liederen, gebeden van Advent tot Advent* (Kapellen-Kampen, 1988). Id., *Licht dat aan blijft. 30 jaar liturgievernieuwing. Kees Kok in gesprek met H. Oosterhuis* (Kampen-Kapellen, 1990). Id., *Zolang er mensen zijn. 100 liederen voor de eredienst* (Averbode-Kampen, 1993). Id., *Your Word is Near: Contemporary Christian Prayers* (New York, 1968). Id. – M. Van der Plas, *Biblia V.T. Psalmi. Fifty Psalms: An Attempt at a New Translation* (London, 1968). *God is New Each Moment. Schillebeeckx Edward in Conversation with Huub Oosterhuis and Piet Hoogeveen*, transl. David Smith (Edinburgh, 1983).

10. The link is obvious. Oosterhuis and Huybers started their initiatives to bring into practice their renewed vision on the use of the vernacular in liturgy in the Amsterdam Study Group for Vernacular Liturgy and in the students' ecclesia in Amsterdam during the sixties, while the Leuven University Parish was very soon interested in the new liturgical songs of Oosterhuis and Huybers.

was so poetic and so linked with the nuances and properties of the Dutch language that they risk to vanish completely by any translation.[11]

One of the acquisitions of the current liturgical studies is its awareness of the necessity of interdisciplinarity, of taking into account the findings of the other human sciences. In the context of 'active participation' we appealed to Liliane Voyé, professor of sociology at the *Université Catholique Louvain-la-Neuve* and a specialist in social scientific study of religion.[12] She discussed the notion 'participation' in sociology and people's expectations when taking part in rituals. All who take responsibilities in our liturgical celebrations will profit by the important remarks and suggestions she makes.

Also Professor André Haquin comes from the *Université Catholique Louvain-la-Neuve*, where he teaches liturgy and sacramentology.[13] We asked him to reflect on the notion 'assembly' as this was developed among others by the French liturgical scholar Aimé-Georges Martimort.[14] During the years just before Vatican II this notion became very important

11. The Dutch text is to be found in H. Oosterhuis, "Actieve deelname en liturgische taal," in J. Lamberts (ed.), *De actieve deelname aan de liturgie herbekeken. Honderd jaar na Pius X en veertig jaar na het concilie*, Nikè-reeks, 50 (Leuven, 2004) – Some of his ideas are to be found in H. Oosterhuis, "The Language of Liturgy," in A. Vernooij (ed.), *Liturgy and Muse: The Eucharistic Prayer*, Liturgia condenda, 14 (Leuven-Paris-Dudley, MA, 2002) 49-62.

12. For further orientation see L. Voyé – K. Billiet (eds.), *Sociology and Religions: An Ambiguous Relationship. Sociologie et Religions: des relations ambiguës*, Kadoc-studies, 23 (Leuven, 2003). J. Kerkhofs – K. Dobbelaere – L. Voyé, *De versnelde ommekeer: de waarden van Vlamingen, Walen en Brusselaars in de jaren negentig* (Tielt, 1992). Prof. Voyé gave a paper during our 13th colloquium: L. Voyé, "Effacement ou relégitimation de la religion populaire," in *Questions Liturgiques / Studies in Liturgy* 79 (1998) 95-109.

13. See for instance A. Haquin, "In memoriam Mgr A.-G. Martimort (1911-2000)," in *Questions Liturgiques / Studies in Liturgy* 81 (2000) 151-154. Id., "Les décrets eucharistiques de Pie X. Entre mouvement eucharistique et mouvement liturgique," in *La Maison-Dieu* 203 (1995) 61-82. Id. – Ph. Weber (ed.), *Diaconat, XXIe siècle* (Paris, 1997). A. Haquin (ed.), *Fête-Dieu (1246-1996). Actes du colloque de Liège, 12-14 septembre 1996* (Louvain-la-Neuve, 1999). Id., "La catéchèse des parents lors du baptême de leur enfant. Considérations historico-pastorales," in *Questions Liturgiques / Studies in Liturgy* 79 (1998) 179-192. Prof. Haquin already presented a paper during our 11th colloquium: Id., "Vers une théologie fondamentale des sacrements: de E. Schillebeeckx à L.-M. Chauvet," in *Questions Liturgiques / Studies in Liturgy* 75 (1994) 28-40.

14. J. Lamberts, "In memoriam Mgr. A.G. Martimort (1911-2000)," in *Tijdschrift voor Liturgie* 84 (2000) 168-171. The liturgical handbook, an important work of Martimort prof. Haquin among other works will refer to also exists in an English translation: A.G. Martimort (ed.), *The Church at Prayer*, trans. M.J. O'Connell, 4 volumes (Collegeville, MN, 1986-1988).

in the liturgical theological reflection. It helped to better understand the liturgy as a celebration by the gathered congregation of the faithful presided by the priest.

While Professor Haquin's lecture was rather a critical retrospect on the notion 'assembly', the question subsists what it may mean today, what its chances and problems may be. That is the question we have submitted to André Goossens,[15] who as a professor of liturgy and sacramentology at the Theological and Pastoral Centre in Antwerp and as a parish priest knows how we can make a link between our scientific reflection and our concrete pastoral concern.

It is our conviction that the written record of the various lectures as they were given during our colloquium which now lies before you, will contribute not only to a continuous reflection on active participation and the inculturation of our liturgy but also to a real participation in our liturgy as the celebration of our Christian mysteries also in this post-modern era. Only then it was worthwhile to celebrate the double anniversary of Pope Pius X's *motu proprio* and of the promulgation of the Constitution on the Liturgy by the Second Vatican Council.

Hombekerkouter 139   Jozef LAMBERTS
B-2811 Mechelen

---

15. See e.g. A. Goossens, "Baptême et église. Une relecture," in *Questions Liturgiques / Studies in Liturgy* 72 (1991) 142-158. Id., "Polyvalence accentuée: le cycle de Noël selon Vatican II," in *Questions Liturgiques* 73 (1992) 205-222. Id., "Herijken en verrijken. Sacramenten waarheen? Reflectie en perspectief," in *Tijdschrift voor Liturgie* 87 (2003) 137-157. Id., "Van het avondmaal van Pasen tot de eucharistische maaltijd van de Heer," in P. D'Haese – J. Lamberts (eds.), *De eucharistie in het hart van de kerk en voor het leven van de wereld*, Nikè-reeks, 47 (Leuven-Leusden, 2003) 43-53.

LA PARTICIPATION ACTIVE
PERSPECTIVES HISTORICO-LITURGIQUES,
DE PIE X À VATICAN II

Le mouvement liturgique est apparu ainsi comme un signe des dispositions providentielles de Dieu sur le temps présent, comme un passage du Saint Esprit dans son Église, pour rapprocher davantage les hommes des mystères de la foi et des richesses de la grâce, qui découlent de la participation active des fidèles à la vie liturgique[1].

Ces paroles du pape Pie XII, adressées aux participants du Congrès d'Assise, en 1956, sont caractéristiques de la conjoncture liturgique de l'époque. Si les documents officiels de ce temps ne se privent pas de mises au point et de rappels à l'ordre, il est de la plus haute importance, pour le regard historique que l'on m'a demandé de vous proposer, de constater que Pie XII reconnaît d'emblée l'existence du Mouvement liturgique; il le qualifie de manière extrêmement positive, puisqu'il y voit «un signe des dispositions providentielles de Dieu sur le temps présent», expression qui sera insérée dans le n° 43 de «Sacrosanctum Concilium». La participation active, affirme-t-il encore, «rapproche davantage les hommes des mystères de la foi et des richesses de la grâce».

Peu avant, au début de la même allocution, Pie XII avait salué «l'impulsion principale» donnée à ce mouvement en particulier par son prédécesseur le pape Pie X, dans son *motu proprio «Abhinc duos annos»*, de 1913; il renvoie donc, de manière significative, à un document traitant de la réforme du Bréviaire, et non pas au *motu proprio «Tra le sollecitudini»* de 1903 sur la musique sacrée.

Ce dernier document, on le sait, est récité comme une antienne à chaque fois que l'on traite de notre thème, car il est le premier écrit pontifical où l'on trouve l'expression de «participation active». Mais la référence de Pie XII à *Abhinc duos annos* attire l'attention sur le fait que cette expression était quelque peu occasionnelle, sous la plume de Pie X,

---

1. PIE XII, *Allocution au Congrès international de liturgie pastorale, Assise-Rome, 22 septembre 1956,* dans *Acta Apostolicae Sedis* 48 (1956) 712; *La Maison-Dieu (LMD)* 47-48 (1956) 330.

et qu'elle n'avait pas le poids qu'on lui a attribué ultérieurement. La référence à la réforme du Bréviaire est en ce sens plus significative, car elle renvoie à une réforme effective, mise en route, de surcroît, par le siège romain[2]. Autre intérêt: elle nous offre un anniversaire supplémentaire; nous pouvons fêter aujourd'hui le 100e anniversaire du *motu proprio* de Pie X, le 90e de «*Abhinc duos annos*» du même pape, le 75e de la Constitution apostolique *Divini cultus* de Pie XI, le 50e du congrès de Lugano, sans oublier la 40e de «*Sacrosanctum concilium*»!

Il m'a été demandé, pour ouvrir ce colloque, de dresser un tableau historique de la participation active, de 1903 à 1963. Je m'efforcerai de le faire en présentant d'une part le travail d'approfondissement de la notion de participation active réalisé au long de ces années, et d'autre part les réalisations liturgiques imaginées pour la mettre en œuvre. Il me paraît justifié de diviser ces 60 ans en deux tranches; d'abord les 40 premières années, de 1903 à 1943: du *motu proprio* à la fondation du Centre de pastorale liturgique à Paris qui, avec la fin de la seconde guerre mondiale, marque une césure et comme un deuxième temps dans le Mouvement liturgique du siècle dernier; ensuite les années 1943-1963, qui voient s'épanouir les efforts antérieurs et sont marqués par des réformes liturgiques importantes[3].

1. De Pie X à la Deuxième Guerre Mondiale

1.1. *Le succès de la «participation active» dans le Mouvement liturgique*

C'est du 22 novembre 1903, 1e année de son pontificat, que date le *motu proprio* de Pie X intitulé «*Tra le sollecitudini*». Le document est consacré à la musique sacrée; son objectif est d'en fournir un «code juridique», pour lutter contre les abus qui ternissent la beauté du culte. C'est dans ce contexte qu'apparaît la mention de la participation active:

> Notre plus vif désir étant, en effet, que le véritable esprit chrétien refleurisse de toute façon et se maintienne chez tous les fidèles, il est nécessaire de

---

2. Sur les réformes liturgiques de Pie X, on peut lire H. VINCK, *Essai de réforme générale du bréviaire par Pie X en 1913*, dans *Revue d'Histoire ecclésiastique* 73 (1978) 69-74; et B. PONSARD, *Réforme et liturgie sous Pie X (1903-1914)*, dans M. KLÖCKENER – B. KRANEMANN (éd.), *Liturgiereformen. Historische Studien zu einem bleibenden Grundzug des christlichen Gottesdienstes* (Liturgiewissenschaftliche Quellen und Forschungen, 88), 2 vol., Münster, 2002, pp. 592-605.

3. On trouve un grand nombre de renseignements dans la thèse de St. SCHMID-KEISER, *Aktive Teilnahme. Kriterium gottesdienstlichen Handelns und Feierns. Zu den Elementen eines Schlüsselbegriffes in Geschichte und Gegenwart des 20. Jahrhunderts* (Europäische Hochschulschriften, XXIII/250), 2 vol., Berne, 1985.

pourvoir avant tout à la sainteté et à la dignité du temple où les fidèles se réunissent précisément pour puiser cet esprit à sa source première et indispensable: la participation active aux mystères sacro-saints et à la prière publique et solennelle de l'Église[4].

Il faut reconnaître que, dans l'ensemble du document, l'expression apparaît de manière plutôt occasionnelle; elle ne s'y trouve pas lestée d'un contenu doctrinal fort. La preuve en est sa formulation même, qui diffère d'une édition à l'autre. En effet, la version originale du texte est italienne; imprimée tant dans les *Acta* que dans les *Decreta authentica* de la Congrégation des Rites[5], elle porte les termes *partecipazione attiva*. La première traduction latine, dite *versio fidelis*, utilise le vocable *participatio*, sans autre qualificatif[6]. Mais la seconde version latine, dite *authentica*, rend l'expression italienne par *actuosa communicatio*; c'est elle qui est reprise dans les éditions de l'époque[7]. Curieusement, c'est finalement l'expression *actuosa participatio*, pourtant absente de l'ensemble des versions, qui s'imposera dans le Mouvement liturgique; elle reprend l'adjectif latin et le substantif italien.

Tra le sollecitudini comporte encore, plus loin dans le développement, une expression similaire, moins fréquemment citée: «restituire il canto gregoriano ... affinchè i fedeli prendano di nuovo parte piu attiva all'officiatura ecclesiastica»[8].

L'expression ne fit pas tinter les oreilles des liturgistes de l'époque, encore moins celles des fidèles. On ne trouve guère d'étude mettant ces termes en exergue; en feuilletant les *Cours et Conférences des Semaines*

4. Pie X, *motu proprio* «*Tra le sollecitudini*» du 22 novembre 1903; traduction prise dans la collection des moines de Solesmes, *Les enseignements pontificaux: La liturgie*, Tournai, 1961, p. 175, n° 220.

5. *Acta Sanctae Sedis* 36 (1903-1904) 329-339; *Decreta authentica Congregationis Sacrorum Rituum*, t. 6 (Appendix I), 1903-1911, Rome, 1912, n° 4121, pp. 29-38, ici p. 30.

6. *Acta Sanctae Sedis* 36 (1903-1904) 389-398.

7. Dans les *Ephemerides liturgicae* 18 (1904) 129-149; dans les *Decreta* cités en note 5; et dans Braga-Bugnini, *Documenta ad instaurationem liturgicam spectantia (1903-1963)*, Rome, Centro Liturgico Vincenziano, 2000, n° 3. Sur tout cela, voir Schmid-Keiser, *Aktive Teilnahme* (n. 3), pp. 11-20. Je remercie François Moog, doctorand à la Faculté de théologie de l'Institut Catholique de Paris, de m'avoir communiqué ce renseignement.

8. À la fin du point II, 3 de l'Instruction proprement dite: *Decreta authentica*, p. 32. Le latin porte: «quo ad divinas laudes Mysteriaque celebranda magis agentium partem, antiquorum more, fideles conferant».

liturgiques de ces années, je n'ai trouvé qu'un article à ce propos, dû à l'abbé Brassart, curé d'Ecaussines[9].

C'est Dom Lambert Beauduin qui s'emparera de l'expression pour en faire le slogan du Mouvement liturgique; il imprimera le passage cité de Pie X sur la couverture de son livre programmatique *La piété de l'Église*, paru en 1914[10]. Le deuxième chapitre du livre attribue d'ailleurs «la nature du mal» dont souffre alors l'Église à «une ignorance et une désaffection presque complète à l'endroit du culte» (2e § de la 1e p.); il faut donc réagir:

> Transformons l'assistance routinière et ennuyée aux actes cultuels en une participation active et intelligente; apprenons aux fidèles à prier et à confesser ensemble ces vérités; et la liturgie ainsi pratiquée réveillera insensiblement une foi endormie et mettra en valeur, dans la prière et l'action, les énergies latentes des âmes baptisées: «le véritable esprit chrétien refleurira et se maintiendra parmi les fidèles» (Pie X)[11].

Ainsi, le moine du Mont César transforma une expression à faible portée théologique initiale en bannière du Mouvement liturgique. C'est en ce sens qu'elle est reçue, vingt-cinq ans plus tard, par le pape Pie XI; sa Constitution apostolique *Divini cultus* s'inscrit parfaitement dans le projet de restauration du chant grégorien énoncé par Pie X; mais il cite le passage sur la participation active comme un principe reçu, avec les résonances que lui ont données les liturgistes depuis lors[12]. La participation active est devenue un slogan, et un programme d'action.

1.2. La mise en œuvre du programme

Pour réaliser leurs vues sur la participation active, les pionniers du Mouvement liturgique se donnèrent un instrument et un projet.

L'instrument, c'est le missel des fidèles. L'idée était simple. Comme on souhaitait que les chrétiens puissent avoir accès aux sources vives de la liturgie, et que celle-ci était célébrée en latin, on pouvait surmonter l'obstacle de la langue en proposant la traduction des textes liturgiques.

---

9. A. BRASSART, *La participation des fidèles à la vie liturgique et au chant collectif*, dans *Cours et Conférences de la Semaine liturgique de Maredsous, 19-24 août 1912*, Maredsous, Abbaye de Maredsous, 1913, pp. 228-273. L'article est de niveau pastoral; il rencontre les objections fréquemment émises à l'encontre de la participation active, et y répond à l'aide de ses convictions.

10. L. BEAUDUIN, *La piété de l'Église. Principes et faits*, Louvain, 1914. Le même passage est encore repris sur la page de garde du livre de A. FRANÇOIS, *Participation active à la messe*, Louvain, 1935.

11. *Ibid.*, p. 17.

12. *La liturgie* (n. 4), pp. 246-256, ici p. 248.

L'idée n'était pas neuve; les liturgistes du 17ᵉ siècle avaient déjà édité des livres de ce genre[13], et Dom van Caloen venait encore d'en publier un à Maredsous, en 1882. La nouveauté réside dans la diffusion à grande échelle du missel des fidèles (début: voir Loonbeek). Les abbayes belges s'en firent une spécialité ... et une source de revenus!

Le projet, c'est la messe dialoguée. C'est le souhait que les fidèles n'assistent plus seulement à la messe du prêtre en méditant, en disant le chapelet ou en lisant un livre de prières à réciter durant la messe, mais qu'ils soient invités à «participer» en dialoguant avec le prêtre les moments de la messe qui s'y prêtaient.

Dans un long article sur la question, Dom Gaspard Lefebvre, moine de Saint-André lez Bruges et auteur du fameux missel des fidèles qui porte son nom[14], prétend que la première mention de l'expression «messe dialoguée» se lit dans les *Questions liturgiques et paroissiales* de 1914[15]. Il termine sa contribution «en donnant schématiquement une ligne de conduite au sujet de la question qui nous occupe: supposons une division de la messe dialoguée en formule:

1. *Minimum*: répondre ce que répond le servant.
2. *Maximum*: en plus *Gloria, Credo, Sanctus, Agnus Dei, Domine non sum dignus.*
3. *Au-delà du maximum*: en plus *Canon, Pater*, etc.»[16].

Ce passage est très instructif, et très caractéristique de la littérature de l'époque. Il nous livre d'abord le programme que se fixaient les promoteurs de la messe dialoguée, avec cette gradualité si caractéristique des publications de l'époque; les articles abondent en adjectifs distinguant la participation extérieure, externe ou rituelle, et la participation intérieure ou spirituelle; ces adjectifs annoncent ceux qui qualifieront la participation dans *Sacrosanctum concilium*[17]. Le texte cité prévoit aussi une

---

13. Voir B. Chédozeau, *La Bible et la liturgie en français. L'Église tridentine et les traductions bibliques et liturgiques (1600-1789)* (Collection Histoire), Paris, 1990; résumé dans *Le Missel des fidèles et la participation à la messe*, dans *LMD* 191 (1992) 69-82; M. Albaric (éd.), *Histoire du missel français*, Paris, 1986.

14. G. Lefebvre, *La question de la messe dialoguée*, dans *La participation active des fidèles au culte. Cours et Conférences des Semaines liturgiques. Tome XI. Louvain, 1933,* Louvain, 1934, pp. 153-196.

15. *Les Questions liturgiques et paroissiales (QLP)* 4 (1914) 245.

16. *Ibid.*, 195. Ailleurs, on trouve aussi, en 3., la récitation des oraisons avec le prêtre, ou de celle des pièces réservées aux chantres, *Introït, Graduel, Offertoire, Communion* (sa p. 162). On retrouve en quelque mesure ces trois degrés dans l'Instruction *De musica sacra et sacra liturgia* du 3/9/1958, n° 25.

17. A. Cuva, *Per un'attualizzante partecipazione dei fedeli alla liturgia. Lineamenti di pastorale liturgica alla luce della Sacrosanctum Concilium*, dans A. Montan – M. Sodi (éd.), *Actuosa participatio. Conoscere, comprendere e vivere la Liturgia. Studi in onore*

troisième forme qualifiée de «au-delà du maximum» et taxée à la ligne suivante de «défendu» par le droit positif; mais on la cite quand même, à la fois parce qu'elle est mise en pratique ici ou là, et que certains s'en réjouissent, en espérant un éventuel changement du droit. Enfin, la forme minimale équivaut à demander aux chrétiens de répondre au prêtre comme le fait habituellement l'acolyte. C'est en effet la justification que l'on donne à cette pratique, attaquée au nom du droit; les dix premières années des *Questions liturgiques et paroissiales* abordent presque en chaque numéro la légitimité de cette pratique.

Tout l'article du fougueux moine consiste à fournir des arguments qui justifient la pratique de «cette méthode de participation». Il les trouve dans l'histoire, considérée ici comme réserve d'arguments, dans *l'appartenance* (en italique dans le texte) de tous les fidèles à Jésus-Christ et à son Église, en fonction de quoi «la messe dialoguée est la manière la plus liturgique d'assister à la messe basse»[18], ainsi que dans le 'caractère' sacramentel; de plus, «la messe dialoguée bien faite utilise davantage les éléments extérieurs du culte catholique pour la glorification de Dieu et la sanctification de notre âme» (p. 171). Enfin, des liturgistes éminents l'ont promue, de même que le cardinal Mercier, et un Décret de la S.C. des Rites du 4 août 1922 ne l'interdit pas, mais surtout le concile provincial de Malines de 1920 «loue la pratique d'après laquelle ceux qui assistent à la messe s'associent d'une seule voix aux acolytes qui répondent» (p. 189). On pouvait donc justifier la messe dialoguée en affirmant que tous les fidèles accomplissaient le rôle de l'acolyte, puisqu'ils sont comme ordonnés à l'acolytat par leur baptême. On perçoit la pauvreté ecclésiologique du propos; cette dimension prendra davantage d'importance, au fil du temps.

1.3. *Résistance et oppositions. Un contexte conflictuel*

À lire cette littérature, on est frappé par son caractère polémique. Manifestement, l'idée de la participation active et, plus encore, la messe dialoguée qui en est la fine fleur, n'emportent pas l'adhésion de tous. On parle de nouveautés et de pratiques étranges; certains de ses opposants la traitent de concélébration, à réprouver entièrement[19]. L'objection la plus

---

del Prof. Domenico Sartore, csj (Monumenta Studia Instrumenta liturgica, 18), Città del Vaticano, 2002, pp. 179-192.

18. On relève ici une expression typique de ce glissement de sens du terme liturgique, passant d'une désignation de l'ordre rituel à celle d'une qualité d'exécution; lire J.-Y. HAMELINE, *De l'usage de l'adjectif 'liturgique', ou les éléments d'une grammaire de l'assentiment cultuel*, dans LMD 222 (2000) 79-106.

19. Ainsi un article paru dans *L'Ami du clergé* du 10 mars 1921, selon G. LEFEBVRE, *La question de la messe dialoguée* (n. 14), p. 184.

fréquente est l'extériorisation; donnant la parole à ses adversaires, G. Lefebvre se lance dans un morceau de bravoure:

> Ah, me direz-vous! Est-il toujours besoin de faire du bruit quand on prie? Si nous éprouvons, nous, le besoin de méditer pendant la messe et de nous laisser aller davantage à une dévotion intérieure, pourquoi nous imposer la tyrannie de toute cette *extériorisation* qui nous trouble dans notre recueillement. Nous faire dialoguer la messe, c'est nous distraire[20].

Un autre auteur, curé à Bruxelles, intitule son article, de manière significative: «Les obstacles à vaincre»[21]. Dénonçant déjà la lassitude éprouvée par certains combattants, il ne craint pas d'écrire que «la cause de la liturgie est déjà gagnée (sur le plan du droit)», et que, si on s'y appliquait davantage, «la campagne liturgique serait quasi terminée»[22]. En sens inverse, apparemment du moins, on est surpris de lire la présentation douce et filtrée de Dom Capelle en introduction à la publication dont ces passages sont extraits; le rôle du Révérendissime Père Abbé du Mont César, aristocrate de surcroît[23], n'était évidemment pas de jeter de l'huile sur le feu. Mais dès sa première page, il dépeint «l'homme d'action, frappé de la désolante apathie dont font preuve tant de fidèles dans l'assistance aux actes du culte, [qui] s'inquiète des moyens de galvaniser ces indifférents, en combattant leur passivité». Il note que le lettré, et le psychologue ou le pasteur peuvent être aussi enthousiastes. «Mais peut-être qu'à côté de ces trois auditeurs empressés, il s'en trouve un quatrième, d'esprit modéré et sage, se défendant des entraînements, craignant la liturgite et sa contagion»[24]. Pour que l'Abbé Capelle utilise pareille terminologie, le climat devait être chaud!

C'est là un trait du Mouvement liturgique que l'on n'a pas suffisamment considéré. Peut-être parce que les arguments des opposants paraissaient faibles, ou mal fondés, et que ceux des promoteurs de la cause semblaient si évidents. Mais qu'on le veuille ou non, il faut bien constater que la cause liturgique s'est développée dans un contexte polémique, depuis ses débuts avec Dom Guéranger jusqu'aux plus

---

20. *Ibid.*, p. 167.

21. G. SIMONS, *Les obstacles à vaincre*, dans *La participation active des fidèles au culte* (n. 14), pp. 221-236.

22. *Ibid.*, 221.

23. Il se nommait Paul Capelle Henry de Faveaux, cf. la notice d'André Haquin dans *Nouvelle Biographie Nationale*, t. 3, Bruxelles, 1994, pp. 75-78.

24. *La participation active des fidèles au culte* (n. 14), pp. 7-8. Je ne me rappelle pas avoir lu ailleurs ce barbarisme. On se souvient pourtant que, dès les premières années du Mouvement liturgique, l'opposition avait été vive. En italien, on avait parlé de «liturgisme», cf. G. CELI, *Ascetica ignaziana ed esagerazioni del liturgismo*, dans *La Civiltà Cattolica* 65/3 (1914) 34-48, 176-188, 683-697 et 65/4 (1914) 441-460, 671-689.

récentes péripéties de la Congrégation pour le Culte divin, sans oublier l'excommunication de Mgr Lefebvre. Une figure emblématique en est Mgr Bugnini, empêché de participer au Congrès de Lugano en 1953, exclu de la commission liturgique conciliaire, et bientôt envoyé comme nonce en Iran, victime des cabales romaines.

1.4. Une chance manquée: le sacerdoce des fidèles

La même publication de 1934 sur la participation active commence par une Préface, non signée, où l'on peut lire: «Le mouvement liturgique est aujourd'hui assez avancé pour qu'on puisse mettre au programme des semaines certains points précis de théologie liturgique, dont les circonstances font désirer l'élucidation». La question posée est en fait celle du sacerdoce des fidèles, à laquelle sont consacrées les cent premières pages du volume. Les «circonstances» auxquelles il est fait allusion sont probablement des diatribes avec l'Action catholique et son souhait de fonder son activité sur le «sacerdoce des baptisés»; on trouve en tout cas dans le recueil une intervention de Mgr L. Picard, aumônier général de la jeunesse catholique belge. Sans doute l'Action catholique pensait-elle trouver un appui théologique dans le Mouvement liturgique, son allié stratégique pour «refaire chrétiens nos frères». En tout cas, Dom Robeyns avoue d'emblée, en ouvrant son propos, que l'imprécision des idées et des croyances a inquiété les organisateurs[25].

Ici encore, l'abord est polémique. Il suffit de relever les noms des conférenciers auxquels on a fait appel pour étudier la question. On n'y trouve pas moins que les deux poids lourds du Mont César, l'Abbé Capelle et Dom Botte, assistés d'un troisième louvaniste, Dom A. Robeyns, et d'un autre abbé bénédictin, liturgiste célèbre, Dom Cabrol; ces quatre bénédictins sont entourés du dominicain Charlier, professeur au collège théologique de Louvain, et du jésuite E. Mersch, professeur aux Facultés de Namur. On aurait voulu constituer le front de la résistance que l'on ne s'y serait pas pris autrement! Dès le début de sa causerie, située en tête, Dom Botte laisse filtrer son énervement; mais c'est surtout à la fin de son intervention qu'il découvre ses batteries: «La consécration baptismale ne confère pas au baptisé un pouvoir véritablement sacerdotal, plus spécialement sacrificiel. Dire qu'elle constitue une sorte d'ordination en vue de l'offrande eucharistique, c'est aller bien au-delà des textes, sinon en fausser le sens ... Historiquement, la participation des fidèles aux actes du culte ne repose pas sur une théorie de leur sacerdoce»[26].

---

25. *La participation active des fidèles au culte* (n. 14), p. 41.

26. *Ibid.*, p. 28. Pour qui connaît B. Botte, «fausser le sens des textes» ou «bâtir une théorie» est un motif suffisant de disqualification.

Dans sa prudence habituelle, Dom Capelle, chargé de faire la synthèse, se retranche derrière saint Thomas et sa distinction du sacerdoce intérieur des baptisés et du sacerdoce externe des prêtres. Il conclut que l'expression de sacerdoce royal est légitime, puisqu'elle vient de l'Écriture, mais équivoque, et inopportune; car si elle donne au baptisé le sentiment de sa dignité, elle a été écartée «du vocabulaire théologique par les princes de l'École». «N'est-ce pas le moment de marquer à chacun avec précision sa place»? Car le dogme, lui, est celui de l'Église, corps mystique[27].

Appréciée avec septante ans de distance, cette controverse apparaît comme une chance manquée. Elle aurait pu servir à assurer un fondement ecclésiologique au Mouvement liturgique en dépassant l'idée étroite d'une participation des fidèles aux actes liturgiques appartenant en propre au prêtre. Sans doute les temps n'étaient-ils pas mûrs, ou la pression de l'Action catholique trop forte. On ne trouve dans ces cent pages aucune distinction entre sacerdoce et ministère. Par ailleurs, le sacerdoce est immédiatement défini par un pouvoir, celui de consacrer. Il est typique de constater que le livre de Dom François, moine du Mont César, publié deux ans plus tard, ne souffle mot du sacerdoce des fidèles. Il faudra attendre une dizaine d'années et *Mediator Dei* pour que la question soit reprise de façon plus sereine. On ne peut pas dire que, même en *Lumen Gentium* 10, elle ait trouvé une expression achevée[28].

2. De la deuxième Guerre Mondiale à Vatican II

Cette période ne couvre que la moitié du temps de l'époque précédente. Elle apparaît cependant plus féconde, tant en ce qui concerne la réflexion que les réalisations. La théologie de la liturgie profite des efforts antérieurs et connaît un approfondissement; ceci manifeste bien que «la participation à la liturgie» n'était pas d'abord une théorie fignolée par des théologiens, mais plutôt une exigence ressentie dans la pratique, et

---

27. *Ibid.*, pp. 73-74.
28. Le thème est repris dans *LMD* 27/3 (1951). Ultérieurement, Mgr Carlo Rossi, évêque de Biella, intervint sur ce thème au congrès liturgique de Naples, en 1954; son intervention fut signalée par le cardinal Cicognani lors du Congrès d'Assise, et c'est lui qui fut le responsable de la Sous-Commission IX préparatoire au concile, consacrée à la participation des fidèles à la liturgie. Voir Fr. MAGNANI, «*Partecipazione*» e «*sacerdozio dei fedeli*». *L'apporto del vescovo Carlo Rossi nell'ambito della Commissione liturgica del concilio Vaticano II*, dans *Rivista liturgica* 86 (1999) 17-42; S. MAGGIANI, *La partecipazione liturgica*, dans *Rivista liturgica* 90 (2003) 49-58. A. DE KEYZER, *Gewijd tot een heilig priesterschap. Actieve deelname volgens Vaticanum II en erna*, dans *Tijdschrift voor Liturgie* 87 (2003) 266-275.

accompagnée ensuite par le discernement théologique; on s'accordera pour estimer cette évolution conforme à la nature même de la liturgie. Quant aux réformes, elles s'accélèrent, et s'affrontent à des éléments plus essentiels au mystère chrétien, comme la veillée pascale et la semaine sainte.

On étudiera cette époque en deux temps. On en relèvera d'abord les événements marquants et leur apport, pour considérer ensuite l'introduction des réformes.

2.1. Des événements marquants

Si la seconde guerre mondiale a marqué d'une certaine manière un temps d'arrêt, commandé par les circonstances, elle n'a pas été sans incidence sur l'évolution du Mouvement liturgique. D'abord, certains prêtres, faits prisonniers, ont été contraints de célébrer les sacrements en dehors de tout contexte «sacré», et dans une fraternité inoubliable avec les «participants». Le fait, plusieurs fois noté, portera des fruits[29]. Par ailleurs, le 20 mai 1943 est fondé à Paris le Centre de pastorale liturgique et, en 1945, son organe principal, la revue *La Maison-Dieu*.

2.1.1. L'encyclique Mediator Dei et hominum (1947)

Mais l'événement principal de cette période est constitué sans conteste par la publication d'une encyclique sur la liturgie. C'est la première en son espèce, et elle est consistante. Elle est motivée par le développement des études et des réalisations liturgiques; certaines sont estimées heureuses, d'autres sont jugées des nouveautés sans fondement. L'encyclique organise son propos en quatre parties; nous ne dirons rien des deux dernières, consacrées l'une à l'Office divin et à l'Année liturgique, l'autre à des directives pastorales.

La première partie traite de la nature, de l'origine et du progrès de la liturgie. D'emblée on retrouve les catégories auxquelles la première partie du siècle nous a familiarisés: la liturgie est un culte public; il est extérieur, car l'homme est un être social, et la préface de Noël demande que «par la connaissance des réalités visibles nous soyons attirés à l'amour des réalités invisibles». «C'est aussi le moyen d'attirer particulièrement l'attention sur l'unité du Corps mystique», phrase par laquelle Pie XII fait le lien avec son encyclique de 1943 (?). Mais des exagérations dans le sens de l'extériorité de la liturgie mettent aussi en lumière qu'elle est essentiellement un culte intérieur, comprenant méditation et pratiques de piété. Ce culte est évidemment régi par la

---

29. Voir le 1ᵉʳ numéro de *LMD*, et le premier volume de la collection *Lex orandi*.

hiérarchie; ce point est l'objet d'un long développement sur le sacerdoce extérieur dont dépend la liturgie; les balises sont donc posées. Le pape souligne alors les progrès et développements qu'a connus la liturgie; il ne convient cependant pas de les abandonner à des personnes privées. On remarque une fois de plus à quel point l'aspect hiérarchique est souligné dans cette encyclique.

La deuxième partie est consacrée au culte eucharistique. Elle traite de la nature du sacrifice, qui exige un sacerdoce. Elle décrit aussi la participation des fidèles; l'exhortation se fait chaleureuse:

> Il est donc nécessaire que tous les chrétiens considèrent comme un devoir principal et un très grand honneur de participer au Sacrifice eucharistique, et cela, non d'une manière passive et négligente et en pensant à autre chose, mais avec une attention et une ferveur qui les unissent étroitement au souverain Prêtre, selon la parole de l'Apôtre: «Ayez entre vous les sentiments qui étaient dans le Christ Jésus», offrant avec Lui et par Lui, se consacrant avec Lui (n° 562).

Ceci dit, vu la théologie eucharistique de l'époque et les erreurs détectées, le pape distingue avec la plus grande clarté possible d'un côté la participation à l'oblation du sacrifice, qui est l'acte spécifique du prêtre; les chrétiens y participent en tant que le prêtre agit au nom de tous les membres; de l'autre côté la participation à l'immolation où la part des fidèles est plus importante, en fonction des paroles de 1 P 2,5 et de Rm 12,1, c'est-à-dire les textes fondateurs de ce qu'on nomme habituellement la sacerdoce des fidèles, expression que l'encyclique n'utilise pas. Les fondements théologiques de la participation sont donc donnés, mais ils sont entourés de précautions telles qu'ils ne nourriront guère la réflexion.

Cette deuxième partie de l'encyclique se termine par l'énoncé des moyens destinés à promouvoir cette participation. Moins théologiques, ces paragraphes n'en sont pourtant pas moins importants, car ils vont modeler la vie liturgique ultérieure et donner un coup d'accélérateur au Mouvement liturgique. Après avoir parlé de la manière de suivre la messe dans le missel des fidèles, le pape exhorte en effet les évêques à «vouloir bien ordonner et régler la manière et la méthode selon lesquelles le peuple participera à l'action liturgique». La réponse sera donnée par les nombreux Directoires de la messe qui vont fleurir au long des années 50. Il poursuit: «Nous désirons aussi que dans chaque diocèse ... une Commission pour promouvoir l'apostolat liturgique soit également constituée», ce qui donnera lieu aux commissions diocésaines de pastorale liturgique, outil numéro un de la vie liturgique d'un diocèse.

Un dernier point, la langue vivante. L'encyclique y consacre un paragraphe, pour souligner que le latin «est un signe d'unité manifeste et éclatant». Plus important: «Dans bien des rites cependant, se servir du langage vulgaire peut être très profitable au peuple; mais c'est au seul Siège apostolique qu'il appartient de la concéder» (§ 547). Interdiction, donc. Mais le plus important est que la question figure dans une encyclique!

On le constate, il s'agit d'un texte ample et dense, très au fait des recherches récentes. Il reprend la plupart des questions antérieures et tente de les situer théologiquement. Il se ressent bien sûr des crispations de l'époque, notamment celles sur la hiérarchie et la définition du prêtre. Ceci, joint aux distinctions «scolastiques» de la théologie eucharistique, montre que ces questions ne sont pas encore suffisamment mûres; elles vont traîner jusqu'au concile, et après!

En fermant *Mediator Dei*, on ne quitte pas Pie XII, que l'on retrouvera dans les quatre événements suivants. En 1948, en effet, il met sur pied une Commission liturgique, dite *piana*. C'est elle qui travaillera à la révision de la vigile pascale et de la semaine sainte. Elle apparaît donc comme le lieu de préparation principale de *Sacrosanctum concilium*. A. Bugnini commence d'ailleurs son livre, intitulé *La riforma liturgica*, en cette année 1948.

2.1.2. Le congrès de Lugano, 1953

Les années '50 sont des moments de haute tension. La décennie s'ouvre par une encyclique, *Humani generis*, qui en refroidit plus d'un. On assiste à la condamnation de Teilhard de Chardin, et d'autres grands théologiens sont suspectés. L'expérience des prêtres ouvriers est condamnée. Parallèlement à ces aspects pénibles, les renouveaux lancés au début du siècle commencent à porter leurs fruits, en exégèse, en patristique. C'est le cas aussi en liturgie, où la réflexion s'accélère et où les réformes se préparent.

Depuis les années '50, les liturgistes allemands et français, surmontant les séquelles de la guerre, établissent l'axe Trèves-Paris, lieu de leurs institutions liturgiques respectives. Ils décident de se rencontrer chaque année[30]; en 1951, ce sera à Maria Laach, en 1952 au Mont St-Odile, près de Strasbourg; les deux réunions sont consacrées aux problèmes posés par le Missel romain. 1953 est l'année du cinquantenaire de *Tra le*

---

30. Sur ces rencontres, lire S. SCHMITT, *Die internationalen liturgischen Studientreffen. Zur Vorgeschichte der Liturgiekonstitution* (Trierer Theologische Studien, 53), Trèves, 1992; sur Lugano, voir les pp. 122-161. Le P. Gy note que «cette sorte d'institution se trouva à partir de 1952 en liaison avec la commission pontificale de réforme et, l'un après l'autre, les principaux membres de la commission participèrent aux réunions de 1953 et les années suivantes», dans *Esquisse historique* [de la Constitution], dans *LMD* 76 (1964) 10.

sollecitudini; la rencontre aura lieu à Lugano, et s'ouvrira au monde de langue italienne, y compris le diocèse de Lugano; elle sera consacrée à la participation active, et à la réforme de la Semaine sainte qui était en gestation.

La préparation en fut difficile, notamment à cause de la mort de Mgr Bernareggi, évêque de Bergame et président du *Centro di Azione Liturgica*; c'est son vice-président, Mgr Rossi, évêque de Biella, qui en fut dès lors le principal organisateur. Il fallait aussi compter avec les remous provoqués à Rome par la réforme de la Vigile pascale, qui faillit provoquer l'exclusion du Père Bugnini[31]. Par contre, les organisateurs reçurent les encouragements de Mgr Montini, à l'époque pro-secrétaire d'État; il leur écrivit:

> Rien n'est aussi urgent en cette heure, si grave et cependant riche d'espérance, que d'appeler le peuple de Dieu, la grande famille de Jésus Christ, à la nourriture substantielle de la piété liturgique réchauffée au souffle de l'Esprit Saint, qui est l'âme de l'Église et de chacun de ses fils[32].

Le congrès fut donc centré sur la participation active. Le Cardinal Lercaro ouvrit les débats par un exposé sur «La participation active, principe fondamental de la réforme liturgique», dont il traça l'évolution depuis Pie X. Suivirent deux exposés de type plus pastoral: celui de Mgr Weskamm, évêque de Berlin, et celui du Père Hofinger, jésuite missionnaire en Chine puis aux Philippines, sur la situation en ces pays. Le Père Roguet, du CPL, présenta aussi une conférence sur l'assemblée[33].

Le congrès se termina par la proposition de quatre vœux «soumis à la bienveillance du Souverain Pontife», que l'on remercie pour son encyclique *Mediator Dei*. Le premier reconnaît dans la participation active «la source très féconde où les fidèles doivent piser la vie avec plus d'abondance: on ne saurait douter de sa valeur pour le présent et pour l'avenir, spécialement dans les pays de mission». Les deuxième et troisième souhaitent que la famille de Dieu puisse «entendre les lectures de la bouche du prêtre directement et immédiatement en langue vulgaire» et «y répondre en priant et en chantant dans la même langue, y compris à la messe chantée»; c'est un second coup de butoir, après la timide ouverture de *Mediator Dei*. Le quatrième est un encouragement à la

---

31. Fr. MAGNANI, «*Partecipazione attiva alla liturgia*». *L'apporto di Carlo Rossi, Vescovo di Biella, al convegno di Lugano del 1953*, dans MONTAN–SODI (éd.), *Actuosa participatio* (n. 17), pp. 325-342.

32. *Ibid.*, note 20, pp. 331-332.

33. On peut lire les trois premiers exposés dans *LMD* 37 (1954); la conférence du P. Roguet y est signalée pp. 12-13, mais le texte n'y est que résumé étant donné qu'il s'y retrouverait «tant de choses dites et redites à maintes reprises ici».

réforme de la Semaine sainte, dont le chantier était ouvert à la Congrégation des Rites. Dans son compte-rendu de la rencontre, le P. Hum note que ces vœux «ont reçu l'adhésion de LL. EE. Les cardinaux Liénart, président de l'Assemblée des cardinaux et archevêques de France, et Feltin, ordinaire du C.P.L.»[34].

On constate donc les progrès réalisés en cinquante ans: de par la personnalité des conférenciers et le traitement à la fois théologique, pastoral et missionnaire de la participation active, on perçoit que l'idée a été reçue par les plus hautes instances de l'Église, et qu'elle est le fer de lance de la réforme liturgique, dont de grands travaux sont en voie de réalisation, avec d'excellents ouvriers sur les chantiers[35]. Le centième anniversaire du *motu proprio* de Pie X aura-t-il autant d'impact?

On ne parlera pas ici de l'encyclique *Musicae sacrae disciplina*, du 25 décembre 1955; on en traitera à propos du document de 1958.

2.1.3. Le congrès d'Assise, septembre 1956

L'année après la promulgation de la réforme de la Semaine sainte fut convoqué à Assise le premier congrès international de pastorale liturgique, intitulé le «Renouvellement de la pastorale liturgique sous le pontificat de Pie XII». Considérée après coup, cette rencontre apparaît comme une sorte de pré-concile sur la liturgie, vu l'importance des personnalités présentes: le cardinal G. Cicognani, préfet de la Congrégation des Rites et président du congrès, assisté de quatre vice-présidents: les cardinaux Gerlier (Lyon), Frings (Cologne), Lercaro (Bologne) et Arriba y Castro (Tarragone); dix autres cardinaux se sont fait représenter, dont l'archevêque de Malines; les évêques viennent en grand nombre d'Europe, mais aussi d'Australie, des États-Unis et du Canada, de Chine, d'Indonésie et des Philippines. Par ailleurs, les principaux liturgistes sont sur le front: Jungmann, Wagner et Fischer; Martimort, Gy, Jounel, l'Abbé Capelle, Dom Botte et Dom Rousseau; les bénédictins du Montserrat: Franquesa, Olivar et Pinell, sans parler des liturgistes italiens et des Pères Antonelli et Bea, respectivement rapporteur général de la Congrégation des Rites et consulteur de ladite Congrégation. De plus, le dernier jour, les participants firent le voyage de Rome, où Pie XII leur adressa un discours.

Plusieurs exposés furent consacrés aux réformes récentes de la Vigile pascale et de la Semaine sainte. Mais on parla cette fois ouvertement de

---

34. J.-M. HUM, *La rencontre de Lugano*, dans *LMD* 37 (1954) 7-15, ici p. 13.

35. G. AGUSTONI, *«Actuosa participatio». Cinquant'anni fa il Convegno internazionale di studi liturgici a Lugano (14-17 settembre 1953)*, dans *Rivista liturgica* 90 (2003) 693-712.

la langue vivante; le Cardinal Gerlier et Mgr Mistrorigo, évêque de Troja, traitèrent en effet des Rituels bilingues en France et au diocèse de Lugano. Mais c'est surtout le discours de Pie XII qui nous retiendra ici. Le pape commence par reconnaître les progrès considérables de la participation active; il prononce les mots mis en exergue dans cet exposé. La première partie de son texte est consacrée aux rapports liturgie – Église; si le thème est traité de façon extrêmement autoritaire (c'est la Hiérachie qui détient le *depositum fidei* et le *donum gratiae*; les fidèles les reçoivent), notons cependant que la dimension ecclésiologique des questions liturgiques est ici abordée en premier: c'est un signe clair de la maturation de l'idée de participation et de l'évolution de son traitement théologique. La seconde partie traite du Seigneur; elle envisage d'abord *l'actio Christi* (c'est ici que l'on trouve les passages polémiques à l'égard de K. Rahner et de sa compréhension de la concélébration), puis la présence du Christ, avec des mises au point sur la présence réelle.

Ce discours, prononcé par le pape deux ans avant sa mort, est plein de mises en garde et de rappels à l'ordre; manifestement, les recherches historico-théologiques l'inquiètent. Il faudrait cependant éviter de se crisper sur ce seul aspect des choses. Du point de vue historique, il marque un grand moment dans la prise de conscience de la portée théologique du Mouvement liturgique; en présence de nombreux cardinaux et évêques, la participation active est pleinement reconnue, des réformes importantes sont engagées, et leur dimension ecclésiologique en vient à figurer en tête des préoccupations.

2.2. Les réformes

La décennie 1950-1960 est extraordinairement riche en réformes apportées à la liturgie, en ses dimensions les plus importantes. On peut y voir comme l'aboutissement du travail accompli durant la première moitié du siècle, et comme l'annonce de la constitution conciliaire qui, vue sous cet angle, n'apparaît aucunement comme un éclair dans un ciel serein, mais comme le sommet de l'histoire liturgique du 20e siècle. Nous ne ferons ici que citer les réformes décidées, en en signalant l'intérêt du point de vue de la participation active.

2.2.1. La restauration de la Vigile pascale et de la Semaine sainte

Début emblématique! La première année de la seconde moitié du siècle voit paraître le Décret de la Congrégation des Rites sur la vigile pascale (9/2/1951). Pouvait-on espérer, cinquante ans plus tôt, que la promotion de la participation active des fidèles provoque le renouvellement de ce moment le plus important de l'année liturgique, fête par excellence du mystère pascal? Le retentissement en fut grand, à l'époque, avant même l'introduction des langues vivantes, tant cette liturgie est pleine de symboles qui se passent de mots. Les liturgistes relevèrent avec un plaisir professionnel la formulation de la rubrique (*Sedentes auscultant!*) demandant aux ministres de s'asseoir et d'écouter les lectures faites par des lecteurs, tant on était habitué à ce que le prêtre doive tout dire lui-même, fût-ce à voix basse[36]. Quatre ans plus tard, un nouveau Décret de la même Congrégation rénovait toute la Semaine sainte (*Maxima Redemptionis*, 16/11/1955). *La Maison-Dieu* y consacrait tout un numéro, avec un Liminaire écrit par Dom Lambert Beauduin; il y citait *l'Osservatore Romano* du 27 novembre 1955 qui en faisait la date la plus importante, peut-être, depuis la publication du Bréviaire romain par Pie V en 1568[37].

2.2.2. Documents concernant la pastorale liturgique en divers pays

Dans cette foulée, et pour répondre à la demande de *Mediator Dei* de «ordonner et régler la manière et la méthode selon lesquelles le peuple participera à l'action liturgique», de nombreux Ordinaires ont publié des documents, souvent appelés Directoires, régulant la célébration de la messe et des sacrements, et y introduisant de plus en plus l'usage de la langue vivante, et des innovations comme le rôle du commentateur[38]. Il faut souligner en ce sens la publication du Lectionnaire latin-français, en 1959, souligné par Mgr Garrone en ces termes: «C'est un grand événement que l'intervention, pour nous jusqu'ici inouïe, de sa langue de tous les jours au cœur même du Mystère, dans la célébration solennelle de l'Eucharistie»[39]. En Belgique francophone sont publiés, la même année 1957, trois Directoires, intitulés, à Tournai, *Pour une messe plus fraternelle;* à Namur, *Allons à l'autel du Seigneur*, et à Malines, *Autour de l'autel du Seigneur*[40].

---

36. A.G. MARTIMORT, *À propos de la nuit pascale: «Sedentes auscultant»*, dans *LMD* 31 (1952) 150-151.

37. *LMD* 45 (1956) 5.

38. Voir A.G. MARTIMORT, *Chronique des directoires de la messe*, dans *LMD* 55 (1958) 171-175.

39. G.M. GARRONE, *La Parole de Dieu et le Lectionnaire*, dans *LMD* 62 (1960) 20-23, ici p. 20.

40. A.G. MARTIMORT, *Directoires de la messe en Belgique*, dans *LMD* 51 (1957) 125-126.

2.2.3. L'Instruction De Musica sacra et sacra Liturgia (3/9/1958)

Dans son Introduction à ce document[41], A.G. Martimort écrit qu'il «s'agit en fait du règlement d'application d'actes émanant de Pie XII lui-même, les encycliques *Mediator Dei* du 20 novembre 1947 et *Musicae sacrae* du 25 décembre 1955. De sorte qu'il n'est pas exagéré d'y voir comme le testament spirituel du pape défunt, le résumé de l'œuvre immense qu'il a accomplie dans le domaine de la pastorale liturgique».

Dans le domaine musical, le document reprend et précise les textes antérieurs, et aboutit ainsi à donner un nouveau style à la messe chantée. L'Instruction traite de la participation. Au n° 22 on retrouve les gradations bien connues: la participation est avant tout intérieure, mais elle est plus complète si elle se fait aussi extérieure (avec un renvoi à *Mediator Dei*), et parfaite si elle devient sacramentelle. Tout cela exige de l'enseignement à l'intention des fidèles. Le n° 23 indique «la fin principale de cette participation, c'est-à-dire une plus grande plénitude dans le culte de Dieu et l'édification des fidèles». Après le rappel de ces principes, le document donne des précisions sur la participation à la messe chantée (n° 24-27) et à la messe lue (n° 28-34), qui comportent chaque fois des degrés, qui vont jusqu'à quatre pour la dernière.

L'Instruction comporte aussi des nouveautés. Pour la première fois dans le rite romain, le Notre Père «peut être récité par les fidèles avec le prêtre, en latin seulement» (n° 32). De plus, elle invente un nouvel intervenant, le commentateur, en vue de faciliter la participation active des fidèles (n° 96); mais on y va prudemment: ce devra être un prêtre ou au moins un clerc, jamais une femme; on conseille aussi, ce qui n'a pas toujours été entendu: «les explications et monitions à donner par le commentateur seront préparées par écrit, peu nombreuses, remarquables par leur sobriété, données au moment convenable et d'une voix modérée...» (n° 96 c). L'innovation est accompagnée d'articles des Pères Antonelli et Roguet[42].

2.2.4. Le Code des rubriques (25 juillet 1960)

Deux ans seulement avant l'ouverture du Concile, le pape Jean XXIII publie le *motu proprio* «*Rubricarum instructum*» qui, préparé par la Congrégation des Rites, procède à une harmonisation générale des

---

41. A.G. MARTIMORT – F. PICARD, *Liturgie et musique*. Traduction de l'Instruction *De Musica sacra et sacra Liturgia* de la S. Congrégation des Rites en date du 3 septembre 1958, avec commentaires par A.G. Martimort, directeur du CPL et FR. Picard, directeur de *Musique et Liturgie* (Lex orandi, 28), Paris, 1959, ici p. 9.

42. F. ANTONELLI, in *Osservatore Romano* du 2/10/1958; A.M. ROGUET, *Le «commentateur»*, dans *LMD* 60 (1959) 80-98.

rubriques en fonction des documents des dernières années, et à une simplification souvent souhaitée[43]. L'ensemble des réformes décidées depuis Pie X se trouve ainsi inscrit dans un cadre cohérent. Vu l'objectif de notre intervention, il constitue pour nous comme un point d'aboutissement.

Entre la réforme de la Vigile pascale et le Code des rubriques, il faut signaler plusieurs prescriptions sur le jeûne eucharistique, allant constamment dans le sens d'une suppression des difficultés de communier, de même que l'introduction de la possibilité de célébrer la messe le soir[44].

Conclusion

Il faut reconnaître que le *motu proprio* de Pie X ne confère pas à la notion de participation active un sens théologique lourd. C'est Dom Lambert Beauduin et le Mouvement liturgique ultérieur qui la considérera comme sa bannière et lui conférera une portée de plus en plus forte. C'est sous l'angle de l'ecclésiologie que l'expression s'analyse au mieux. Au début du 20ᵉ siècle, la participation des fidèles s'entend dans le cadre d'une conception hiérarchique de l'Église où elle favorise, ou tolère, selon les camps, que les fidèles soient pris en considération dans les actions liturgiques, entièrement définies à partir du sacerdoce des prêtres. Ils sont conviés à participer à l'action d'autres personnes. C'est une action dérivée. Très lentement, à travers le travail, parfois mal mené comme les recherches théologiques sur le sacerdoce des fidèles, dans les années '30, mais surtout sous la poussée des réalisations liturgiques, on passera de cette compréhension hiérarchique de la liturgie à une vision ecclésiale où l'Église assemblée sera reconnue comme le sujet de l'action, sur la base notamment du «nous» des prières liturgiques. La participation ne sera plus présentée comme la part prise par les laïcs à l'action du prêtre, mais comme la manière ecclésiale de célébrer l'œuvre du Christ, au sein d'une assemblée ministériellement structurée. Le Mouvement liturgique apparaît ainsi comme une opération de réappropriation par les chrétiens de ce qui leur appartient, comme la restitution au Peuple de Dieu d'un bien qui lui revient en propre et dont il n'aurait jamais dû être dépossédé. Ce mouvement est lancé dans les années qui précèdent la première guerre

---

43. *LMD* 63bis (1960).

44. Citons notamment la Constitution *Christus Dominus* du 6/1/1955 qui adoucit la discipline du jeûne, et permet aux Ordinaires des lieux la faculté d'autoriser des messes du soir. Voir encore le Décret du 21/3/1960 et son commentaire par A.G. MARTIMORT, dans *LMD* 62 (1960) 123-129.

mondiale; il mûrit lentement entre les deux guerres; il monte en puissance après la seconde guerre mondiale, surtout dans les années cinquante, où se conjuguent réflexions plus poussées et réalisations concrètes de première importance. En ce sens, le mouvement porte bien le nom de liturgique; il est davantage porté par l'évolution des assemblées que par le travail proprement théologique. Celui-ci n'aboutira d'ailleurs pas encore entièrement à Vatican II, même si la Constitution sur la liturgie commence par un Préambule et un premier chapitre sur les fondements théologiques de la liturgie.

Les réformes liturgiques, de ce point de vue, apparaissent non seulement comme l'objectif du Mouvement liturgique, mais aussi comme son premier stimulant. Même si la rénovation de la Semaine sainte a été précédée par des recherches sur le Mystère pascal[45], sa célébration l'a sans doute davantage remis au cœur de la foi, et a mieux fait pénétrer les chrétiens dans son mystère que tous les livres du monde. À reprendre cette histoire, on reste stupéfait devant les avancées des années '50, tant devant leur nombre que devant leur importance. Vue sous cet angle, *Sacrosanctum concilium* n'apparaît aucunement comme une nouveauté, mais comme l'aboutissement d'un Mouvement né 50 ans plus tôt.

Mais pourquoi donc de si bonnes idées, appuyées par tant de recherches, de documents magistériels et de réalisations effectives, mettent-elles tant de temps à être pleinement reçues?

Rue Jenneval 10   Paul DE CLERCK
B-1040 Bruxelles

---

45. Pensons au livre de L. BOUYER, *Le mystère pascal* (Lex orandi, 4), Paris, 1945.

PANORAMA OF CURRENT RITUAL-LITURGICAL INCULTURATION AND PARTICIPATION IN THE NETHERLANDS: SKETCH AND PERSPECTIVE

1. Introduction: From Active Participation to Liturgical Inculturation

1.1. The Spirit of the Liturgy

For some time now, and with a certain degree of amazement, I have been following the discussions surrounding the introduction in the liturgy "Der Geist der Liturgie" by Cardinal Ratzinger.[1] The evaluation of this book regularly goes beyond the character of a book review: people appear to be very affected, to take it very personally.[2]

A number of issues in this discussion have come to my attention; here I will take the reviews by Klemens Richter, Père Gy and Angelus Häussling as my point of departure. I already mentioned the fact that people feel personally affected and furthermore how people have taken Vatican II as a guideline, and within that especially the concept of active participation. Active participation as a constant standard. I suspect that that personal irritation has to do with the generation that is speaking here, a generation of liturgists whose work and lives were very closely connected with that Council and the liturgical renewal movement for which it was a capsulising moment, *participatio actuosa* was in that context the central maxim or motto. Putting that Council and that motto

---

1. J. Ratzinger, *Der Geist der Liturgie: Eine Einführung* (Freiburg i.Br., ²2000; ⁶2003).

2. From the collection of reviews I refer to: A. Gerhards, in *Herder Korrespondenz* 54 (2000) 263-268; K. Richter, in *Theologische Revue* 96 (2000) 324-326; a brief mention in *Archiv für Liturgiewissenschaft* 42 (2000) 146-147; P. Post, "Personen en patronen. Literatuurbericht liturgiewetenschap," in *Praktische Theologie* 28 (2001) 86-110, here: 97-99; P.-M. Gy, "Is het boek van kardinaal Ratzinger 'L'Esprit de la liturgie' trouw aan het concilie of ertegen in reactie?," in *Tijdschrift voor Liturgie* 86 (2002) 258-262; = *La Maison-Dieu* 229 (2002) 171-178; J. Ratzinger "'Der Geist der Liturgie' oder: die Treue zum Konzil," in *Liturgisches Jahrbuch* 52 (2002) 111-115; A. Häussling, "Der Geist der Liturgie: Zu Joseph Ratzingers gleichnamiger Publikation," in *Archiv für Liturgiewissenschaft* 43/44 (2001/02) 362-395.

into perspective meant putting a life's work into perspective. I am from another generation and seem to have read and evaluated the book by Ratzinger differently. While greatly admiring the structure and style, I am also critical of the book, albeit from another perspective, a perspective that I surprisingly enough rarely encounter in the aforementioned reviews. I would like to critically address the very specific vision of liturgy as a ritual form of expression, the anthropological view accordingly, but particularly the vision on culture that the book expresses. This is a rather negative vision. From a clearly culture-pessimistic viewpoint, liturgy is seen as an oasis of mystery and tradition that is out of, above or against the culture of modernity.[3]

The surprise about the review of a book also reveals the theme of my contribution. I would like to address the current liturgical and ritual praxis and culture as the inevitable milieu of liturgy.

1.2. Inculturation as a Fundamental Concept

I would like first of all to put the aforementioned maxim of active participation into perspective, from the point of view of relation to the programme that is revealed in the Liturgical Constitution of Vatican II. Active participation, a term that appears regularly in the Constitution (19 times to be precise, if we include the heading of chapter 1/II no. 14; Häussling provides an excellent table in relation to this[4]), is part of a broader programme and as such should not be isolated. As that programme is sufficiently well known, a brief sketch will suffice here.

Liturgy is considered to be dialogical and dynamic in character. A double movement is assumed, *kata-* and *anabasis*: God speaks to his people via and in liturgical acting, and the people answer in prayer and song (SC 33).

---

3. The image of liturgy as an endangered fresco in detrimental climatological conditions is particularly significant, cf. Ratzinger, *Der Geist der Liturgie* (n. 1), pp. 7-8.

4. Häussling, "Der Geist" (n. 2), pp. 380s. Cf. for a broad comprehensive treatment of the concept of active participation: St. Schmid-Keiser, *Aktive Teilnahme: Kriterium gottesdienstlichen Handelns und Feierns: zu den Elementen eines Schlüsselbegriffes in Geschichte und Gegenwart des 20. Jahrh.*, Europäische Hochschulschriften, XXIII/250 (Bern, 1985) (diss. Luzern, 1984). Cf. also for the broader framework of the Liturgical Movement: J. Lamberts, "Paus Pius X en de actieve deelname," in *Tijdschrift voor Liturgie* 71 (1987) 293-306; Idem, "Active Participation as the Gateway towards an Ecclesiastical Liturgy," in Ch. Caspers – M. Schneiders (eds.), *Omnes circumadstantes. Contributions towards a History of the Role of the People in the Liturgy* (Kampen, 1990) 234-261; Idem, "Dom Lambert Beauduin en het begin van de Liturgische Beweging," in *Jaarboek voor liturgie-onderzoek* 8 (1992) 235-271; Idem, "Pius Parsch (1854-1954) en het 'Volksliturgisch apostolaat'," in *Tijdschrift voor Liturgie* 77 (1993) 151-162.

Through this, the community of the faithful is re-valued, in reaction to Trente in particular. There is evidence of '*plena, conscia atque actuosa participatio*' (SC 14). Liturgy is in other words no longer an act for, but rather by, the community. The result of this is that liturgy must, both in form and content, be such that the whole community of Christian people understands it and can participate completely in the liturgical act (SC 21).

This involves another and final step, namely a local cultural basis and through that pluriformity of the liturgy. In design, liturgy can no longer be seen as unchanging and uniform, as applicable everywhere and always. It is necessary that there is evidence of a situation and location specific design and grounding of liturgy. This is essentially the founding principle of liturgical inculturation. Participation is connected with inculturation and vice versa. Participation is part of the programme of inculturation, and inculturation part of the programme of participation. Examining the precise inter-relation would demand a separate excursus. In this contribution I will work with the assumption that liturgical inculturation (later we shall also refer to 'ritual-liturgical' inculturation) is the more encompassing programme, specifically in light of the development of liturgical studies since Vatican II, and also precisely because the element of culture (or perhaps more exactly: cultures) is explicitly named.

1.3. Theme and Plan: Ritual-Liturgical Participation

As general central theme, I will present an elaboration on the perspective of liturgical inculturation and participation in an inter-relational context, based on current ritual and liturgical repertoires. The design of my contribution is as follows:

First, I will present a current panorama of the ritual-liturgical situation in the Netherlands. With this perhaps somewhat strange and tautological term 'ritual-liturgical' I allude to liturgy as an inextricable part of a broader ritual milieu, a perspective that fundamentally and ineluctably makes a ritual study of every liturgical study.[5] This open contextual line of approach will also be addressed in a later discussion of this panorama. Inculturation, and in connection participation, will be the central perspective.

---

5. Cf. among others P. Post, "Levensrituelen: een ritueel-liturgisch perspectief," in L. Boeve, et al. (eds.), *Levensrituelen en sacramentaliteit tussen continuïteit en discontinuïteit*, Meander, 5 (Kampen, 2003) 11-30, esp. 12-18.

2. Panorama of Current Ritual-Liturgical Participation in the Netherlands

As an example of a current panorama, I will pose an apparently straightforward question: Which ritual-liturgical repertoires are being participated in, currently in the Netherlands? This is a complex question. It involves on the one hand the occurrence of repertoires. What are these? Which of these already existed? Which are emerging? On the other hand, it concerns participation. Which repertoires attract many people, which less or even none?

Providing an overview of the ritual-liturgical market is a difficult business, certainly from the approach of actual participation. Statistical surveys and trend reports are scarce; the figures that do exist are specifically focussed on the parochial weekend liturgy.

In our panorama we differentiate between three main clusters of repertoires. 'Repertoire', a term coined in ethnology and modern history studies, alludes to all rituals that show a certain coherence with regard to design, participation, occasion and context; ritual repertoires afford groups of people the opportunity to symbolically express ideas, ideals, identities and mentalities in a certain setting, in this case the faith of Christian congregations in current Dutch culture, that of Catholics in particular.[6] A number of parameters are relevant for this classification. I have chosen to work with a relatively open classification linked to the general nature of the repertoire that allows inter-relational cross-linking and overlapping.

Also of importance here is the stand- or viewpoint. For the description of this panorama we will look outwards from the classical main track of liturgy of the Roman Catholic core parish. I thus employ a specific point of departure.

Parameters that play an organising role for the distinctive (sub) repertoires include: ritual form and/or type (traditional ecclesiastical-liturgical or newly emerging, sacramental or devotional), participants (youth, women, the elderly, semi/extra-ecclesiastical, etc.), context (parish, spiritual centre, reform movement etc.), ritual domain (church,

---

6. The term *'ritueel repertoire'* was first coined by the Dutch ethnologist G. Rooijakkers, although he at no time provides a description or definition. 'Repertoire' figures within the ethnographic and ethnological dynamic manner of culture analysis within which cultural circuits (group culture), specific behaviour routines (repertoires) and fixed codes (rituals) play a leading role. With regard to rituals, the interaction between meaning and design is central. Cf. G. Rooijakkers, *Rituele repertoires. Volkscultuur in oostelijk Noord-Brabant 1559-1853* (Nijmegen, 1994) in particular pp. 10ss.; 77ss. and 88ss.

house, public domain, prison, media), and occasion (year, life). Here we will condone any imbalance created in the repertoire-distinction and presentation as a result of the combination of these parameters in the interest of the broad picture that is created (as such, a devotional ritual such as pilgrimage can be classified under ritual in the public domain). During further discussions of the panorama, the perspective of extra-ecclesiastical (and semi-ecclesiastical) as applied in practical theology and religious sociology for example, will be included. It is also relatively easy to recognise in our cluster classification. Yet ecclesiastical, semi-ecclesiastical and extra-ecclesiastical will not be presented here as determining classification, no more than the currently popular concepts of 'visual' and 'invisible' religion and 'civil religion' (in both religious and secular forms) will be. These strongly connected concepts, that are very relevant to the general setting and current religious and ritual dynamics, are too relative and generally insufficiently repertoire orientated or related to ritual.[7]

2.1. Core- or Parish Liturgy

I refer here initially to the known core figures ('kerncijfers') regularly issued by the KASKI, which are also equally regularly adapted into so-called trend reports by my colleague Theo Schepens. The most recent of these covers the period 1960-2000.[8]

In general terms, participation is of course linked to the percentage of Catholics in the Netherlands. That number has been decreasing systematically since 1990. The 1980's appear to be the period of transition during which a church with an increasing congregation became a church which steadily becomes smaller and smaller. For 2000, the percentage has been fixed at 31.7. Pastoral care is still the central factor for the ritual-liturgical participation. Here the development is also of a

7. Cf. for these concepts: G. Heitink – H. Stoffels (eds.), *Niet zo'n kerkganger. Zicht op buitenkerkelijk geloven* (Baarn, 2003); *La religion invisible en Europe/Invisible Religion in Europe* = *Social Compass* 50/3 (2003) [including in addition to thematic and case studies, general introductory contributions by H. Knoblauch and Th. Luckmann]; cf. special issue *'Zivilreligion'* of *Theologische Quartalschrift* 183/2 (2003), cf. here: R. Torfs, "Zivilreligion in Belgien und den Niederlanden," 148-166.

8. Th. Schepens – L. Spruit – J. Kregting, *De Rooms-katholieke Kerk in Nederland, 1960-2000: een statistisch trendrapport*, Memorandum/KASKI, 326 (Nijmegen/Tilburg, 2002). Without indication to other sources, the figures in this cluster A are taken from this trend report and the underlying KASKI-core figures. See also: Th. Schepens, "De Nederlandse katholieken en hun kerk: een statistische documentatie," in W. Goddijn – J. Jacobs – G. van Tillo (eds.), *Tot vrijheid geroepen. Katholieken in Nederland 1945-2000* (Baarn, 1999) 499-525; *Kerkelijke gezindte en kerkbezoek aan het einde van de 20e eeuw. Opvattingen en activiteiten* (CBS Voorburg/Heerlen, 2000).

diminishing nature. For 2000, the counter shows 1600 parishes with an average of 3163 parishioners.

2.1.1. Weekend Liturgy

As a first measure of liturgical participation, we will take church attendance in the weekends, which have been recorded in the Netherlands since 1965. To put it briefly, these records show evidence of a dramatic decrease. Church attendance decreased during the last 35 years from more than 2,7 million to 439,000 visitors per weekend. In 2000, this amounts to less than a sixth of the attendance in 1965. In 1965 almost two thirds of all Catholics attended church on Sundays, in 2000 hardly more than 9%.

With regard to the year cycle, there are in addition to these ordinary weekend services, also the so-called 'strong periods'. Christmas is still particularly notable in this respect (approximately 4 times as many people attend church at this time),[9] this in considerable contrast to the, from a liturgical point of view, most central celebration: Easter (approximately two times as many).[10] Furthermore, there is All Souls Day, which in the southern regions in particular is seen as an important moment for the yearly remembrance of deceased family members.

2.1.2. Baptism, First Communion, Confirmation

The situation regarding the initiation sacraments of baptism, first communion and confirmation is as follows: since 1960, the number of baptisms has decreased from 108,000 to 42,411 in 2000. First communion still produces a relatively surprising number. Between 1960 and 2000, the number of first communions decreased from almost 100,000 to less than 45,000, however in relation to the number of children that were baptised eight years earlier, participation from 1977 onwards remained relatively constant: of that baptism group, 87 to 92% took first communion. A remarkable fact. The decrease in number of first communions is directly linked to the reduced number of baptisms. Confirmation produces an entirely different picture. In sacramentological literature this is often referred to as the forgotten and also difficult to place sacrament, however on the basis of the available figures, it could

---

9. For Christmas(eve): J. Sanders, *Veranderend kerkelijk gedrag anno 1995: een vergelijkend onderzoek naar kerkbezoek in gewone weekends en met Kerstmis*, Memorandum/KASKI, 297 (Den Haag, 1996).

10. For Easter: M. Veerman, *Veranderend kerkelijk gedrag anno 1999. Een vergelijkend onderzoek naar kerkbezoek in gewone weekends en met Pasen*, Memorandum/KASKI, 314 (Nijmegen, 2000).

also be referred to as the evaporating sacrament (most recent figures indicate approximately 60% of the baptism cohort).

During recent years there has been a great deal of publicity about adults joining the Roman Catholic Church. Reports in the media refer to a stream of new Catholics, and interviews with, and analysis of the motivation of this group of 'neo-Catholics' appeared.[11] The conversion and baptism of well-known men and women of letters such as Vonne van der Meer and Willem Jan Otten drew considerable attention. The role that liturgy as mystery full ritual plays for these converts is quite notable. If however we look at the figures, it becomes apparent that there is in fact no increase in the number of adult conversions, on the contrary: from 1995 onwards there is evidence of a considerable decrease from 1033 to 758 in 2000.

We have just employed the official terminology, also used in religious-sociological statistical literature, initiation ritual. However, studies of the practice and appropriation of the three sacramental rites show that these can in fact be considered to be rites of passage. For some time now, baptism and first communion have largely been appropriated as transitional rite, as rite of passage.[12]

11. A. Broers, et al., *Nieuwe katholieken. Onderzoek naar de achtergronden en beweegredenen van een aantal personen die zich bekeerden tot het katholicisme, tegen de trend van secularisatie in* (Tielt, 2000). Cf. for the general athmosphere or 'ambiance' of mystery: G. Mattheeuws, "Het mysterie in de vernieuwde liturgie: een utopie?," in *Collationes* 29 (1999) 379-398.

12. This has for some time now posed pressing questions of the sacrament pastoral, cf. for an impression of the debate: Boeve et al. (eds.), *Levensrituelen*. For the rites of passage see the Leuven project '*levensrituelen*' of which *Geboorte* (Birth), *Huwelijk* (Marriage) and *Vormsel* (Confirmation) have already appeared: K. Dobbelaere et al. (eds.), *Het vormsel*, KADOC-Studies, 12 (Leuven, 1991); L. Leijssen et al. (eds.), *Geboorte en doopsel*, KADOC-Studies, 20 (Leuven, 1996); R. Burggraeve et al. (eds.), *Het huwelijk*, KADOC-Studies, 24 (Leuven, 2000). A triple quantative empirical-theological project concerning current (RC) baptism, marriage and funeral ritual has been underway at the theological faculty of the Nijmegen university for some time now. Cf. also: G. Lukken – J. de Wit (eds.), *Nieuw leven. Rituelen rond geboorte en doop*, Liturgie in beweging, 1 (Baarn, 1997). For (the appropriation of) the first communion: P. Post – L. van Tongeren, "The Celebration of the First Communion. Seeking the Identity of the Christian Ritual," in P. Post et al. (eds.), *Christian Feast and Festival. The Dynamics of Western Liturgy and Culture*, Liturgia condenda, 12 (Leuven, 2001) 581-598. A good general review of Christian rites of passage is provided by: G. Lukken, *Rituelen in overvloed. Een kritische bezinning op de plaats van het christelijk ritueel in onze cultuur* (Baarn, 1999) chapter 8, 245-275 (an English edition is in preparation in the *Liturgia condenda* series, Leuven, 2004); a general consideration of contemporary rotes of passage is provided by R. Grimes, *Deeply into the Bone. Re-Inventing Rites of Passage* (Berkeley, CA, 2000). Cf. P. Post, "Life Cycle Rituals: a Ritual-Liturgical Perspective," in *Questions liturgiques/Studies in Liturgy* 83 (2002) 10-29.

2.1.3. Marriage

The other two life rituals show a different picture. The number of marriages consecrated in the RC church rose to more than 45,000 in 1969, only to decrease constantly to approximately 10,000 in 2000. The proportional relation to civil marriages is 41% in 1969 and 12% in 2000. In short, one in eight marriages was consecrated in the RC church. Increased interest for the marriage ritual applies to the total number of marriages in the Netherlands (1995: 81,469 – 2000: 88,074), but not for RC church marriages.[13] A recent study (that generated a great deal of media interest) indicated that church marriage was experiencing a revival: of those interviewed, 58% in 2002 indicated their appreciation of a church blessing, against 42% in 2001 (34% of those interviewed were RC).[14] The predilection for symbolism, tradition and a general desire for spiritual depth appear to be of more importance than Christian faith here (no more than 4% cite faith as a factor in their decision to marry). The study also emphasises the role of the media: the 'exalted' royal model service of prince Willem Alexander and princess Máxima have put the church blessing back on the map.

2.1.4. Funeral Liturgy

Burial ritual provides yet another picture. Here this is taken to mean church funerals followed by a burial or cremation. This data is obviously directly related to the number of people dying each year. This number increases annually. In absolute numbers for 2000 this amounts to 38,465

---

13. The important point that with regard to marriage there is an increasing level of confirmation of already existing relationships as opposed to actual transitional ('passage') ritual (or at least a more phased transition) will not be addressed here. We have addressed that point previously in T. Michels – P. Post, "Huwelijk: dynamiek van feest en sacrament," in *Tijdschrift voor Liturgie* 81 (1997) 327-343; cf. P. Post, "Huwelijk: feest en sacrament," in *Verslag Elfde Studiebijeenkomst Huwelijkspastoraat*, Uitgave Diocesaan Bureau voor Huwelijk, Gezin en Relatievorming (Den Bosch, 1997) 8-24; P. Post, "Huwelijksliturgie tussen aangereikte liturgische orde en gevierde rituele praktijk," in J. Staps (eds.), *Tot zegen aan elkaar gegeven. Over huwelijksliturgie en huwelijkspastoraat* (Heeswijk, 2000) 5-30. See also J. Pieper, "Religieuze en niet-religieuze motivatie voor het kerkelijk huwelijk. Resultaten van een onderzoek in de bisdommen Gent en Brugge," in *Collationes* 32 (2002) 297-314. A qualitative and quantitative survey of church and civil marriages by Th. Michels can be expected (planned as a doctoral dissertation in Tilburg for June 2004).

14. This involves a study commissioned by the publication *Bruid en Bruidegom Magazine* in 2003. It should be taken into account that the figures are not hard figures concerning the ritual practice, but rather figures gained from a survey among (intended) marriage couples; the figures include intention; this explains the contrast with the KASKI-data. The most recent figures show that 1 in 10 marriages are RC Church marriages.

funerals, followed by 25,093 burials and 13,372 cremations. Between 1972 and 1995 the percentage of church funerals remained stable, in 2000 this number decreased. Nonetheless, we can say that the funeral remains a relatively popular church ritual. Since the 1980's, the percentage of cremations has risen considerably.

2.1.5. The 'Ritual Experts'

As last official category we will briefly address priests, deacons and pastoral workers. The general picture of considerable reduction also applies here. While church visits decreased by more than 80%, the number of ordinations decreased by 90%. It is however the case that the number of ordinations of diocesan priests increased: 123 during the period 1996-2000. In 2000 the total number of priest in active service is 1242, deacons 268 (a group that increased considerably from the 1980's onwards), and pastoral workers 783, also a growing category in which the increase of the number of women is quite notable, from 9% in 1976 to 41% in 2000.

Some Additional Notes

Some additional notes that emphasize the aspect of ritual-liturgical participation should be provided in relation to these parochial core figures:

Volunteers.[15] In addition to official liturgical experts, there is also a large group of volunteers. An average of 170 volunteers, spending approximately 130 hours per month (equivalent to approximately 13 fulltime workers) are active per parish. The parish, and to a great extent the church as *ecclesia,* is therefore rightly seen as a volunteer organisation. Here it is particularly notable that people are specifically active around liturgy, in the broadest sense of the word (church building, actual ritual, information, contact).

Choirs.[16] An important role is played in the parish by choirs. There are to my knowledge no exact figures available, however through choirs many people are directly or regularly involved with liturgy. In total there are approximately 4,000 active liturgical choirs on the RC side. That is an average of 2.5 per parish (average membership of 27, total of

15. For figures and analysis relating to volunteers in the church see: T. Bernts, *Pal voor de kerk: vrijwilligerswerk in katholieke parochies,* KASKI-reeks, 3 (Nijmegen, 1998).

16. The Dutch church choir culture will be addressed extensively in the dissertation project by M. Hoondert, *Om de parochie* in Tilburg. The data relating to youth choirs was provided by him and the 'Nederlandse Sint-Gregoriusvereniging' (NSGV).

approximately 108,000 active choir members).[17] Within that general choir culture (cf. classic women's and men's choirs, many Gregorian choirs, children's choirs, mixed choirs, funeral and marriage choirs) the youth choirs appear to be remarkably vigorous and capable of actively involving young people from 15 to 35 in church liturgy. The total number of youth choirs is estimated at between 800 and 900 with a total active membership of 28,000.

Church building as liturgical locus.[18] Another important point in relation to liturgical participation is the church building. A process of increase in scale of parishes that has far reaching consequences for participation is currently ongoing in many places. The disposal of church buildings in particular continues to be a process that is both fundamental to parish liturgy and one that produces considerable emotional response. Diverse policies are implemented in this respect in the various dioceses. Those policies, complete with figures, have been described and discussed recently (position at the end of 2000: 1,815 church buildings).

Diverse assortment. The parochial repertoire is notable for its diversity. Alternately, attempts are made to offer a repertoire that is familiar to the various target groups, often in connection with certain choirs and liturgy groups. Innovation in the form of trying out new forms is increasingly evident here. Generally speaking, the repertoire is seldom or never

17. This concerns estimations from the NSGV. In half of the parishes there is a children's choir active (800), idem youth choir (800/900), everywhere a mixed choir (1600); the remaining 800 choirs concern separate women's and men's choirs including Gregorian *scholae.*

18. The church building as both pastoral locus in city, village or country side, and space for liturgy has received considerable attention in the Netherlands recently. Incentives for this interest involve policy developments and in particular the practical execution of these. As litt. in relation to this we refer to the policy summary: T. Bernts, "Samengaan en samenwerking van parochies: een noodzaak voor de liturgie...?," in *Tijdschrift voor Liturgie* 86 (2002) 194-206; a great deal of discussion was created by the bestseller with personal narratives arguing for the (small) local parish as the irreplaceable ecclesiastical unit: L. Fijen, *Het wonder van Maartensdijk. Hoe een kleine geloofsgemeenschap leeft met God* (Baarn, 2001). Cf. T. van Eijk – B. Luttikhuis – S. Stoffels (eds.), *Territoriaal of mentaal? Over de organisatie van gemeente en parochie in de toekomst,* = thematic issue of *Praktische Theologie* 30/2 (2003); L. van Tongeren, "Schaalvergroting van parochies: uitdagingen en kansen voor de liturgie," in *Tijdschrift voor Liturgie* 86 (2002) 222-243. In connection with this there has been considerable interest (and an equally considerable flow of litt.) for the (re)arrangement of the church building (interior): cf. P. Post, "Ruimte voor liturgie: tussen dynamisch ideaal en statische werkelijkheid," in *Eredienstvaardig* 19 (2003) 44-48 and S. de Jonge, *Kerkarchitectuur na 2000. Het ontwikkelen van grensverleggende typologieën vanuit het samenspel tussen liturgie, architectuur en duurzame ontwikkeling* (Eindhoven/Tilburg, 2002).

entirely and directly derived from the existing official order, although the Altar Missal is displayed on increasingly more altars and ambos. A broad tradition of collage liturgy has developed, there are Word- and Communion services (the name in particular has drawn considerable attention), prayer services, there are many thematic services, services for young people, children and the elderly. Services, often including the sermon, are in part prepared by liturgical workgroups.

A recent development in this area of multiform sub-repertoire is that of systematically providing churches within a region with a profile. Worshipers in Oosterhout in North Brabant for instance are able to choose from three profile parishes: the 'high mass profile' for traditionalists, the 'living room profile' for families, young people and modern seniors, and the 'halfway house profile' for those who find themselves in the area between spirituality, religion and culture.

This picture of multiformity is equally relevant or perhaps even more so if we take the strong generally religious character of the rites of passage into account.

The closing note for this cluster could be that that which was not mentioned here in relation to presentation and participation can be considered marginal or evaporated. This concerns for instance the devotional repertoire (cf. Maria- and Holy Heart cult etc.) or the sacrament of penance and reconciliation (in the classic form of confession).

2.2. 'Extra-Parochial': Domains, Media, Devotional Ritual, Emerging Liturgies

2.2.1. Liturgy and Domains[19]

Often, we automatically concentrate on the aforementioned church liturgy in the parish and forget that a large degree of Christian ritual expression of faith is interconnected with other domains than the parochial church building. It is possible that a considerably greater accent in relation to participation can be found here. In addition to the public domains we should also consider important domains such as school (throughout the school year, primary and secondary schools, – not only Catholic schools! – conduct separate school services or reflective

19. For liturgy and domains see: P. Post, *Ritueel landschap: over liturgie-buiten*, Liturgie in perspectief, 5 (Heeswijk-Dinther/Baarn, 1995); Idem, "Paysage rituel: la liturgie en plein air (I)," in *Questions liturgiques/Studies in Liturgy* 77 (1996) 174-190; idem, "Paysage rituel: la liturgie en plein air (2): la visite du pape, actions de grâce pour la moisson, rites autour d'une mort subite, " in *Questions liturgiques/Studies in Liturgy* 77 (1996) 240-256.

meetings that are generally prepared by the philosophy and/or religious instruction department, often in collaboration with a separate workgroup of parents and pupils; furthermore there are services for special occasions such as deaths at school, anniversaries etc.),[20] also care institutions such as homes for the elderly, hospitals, centres for the disabled, etc. In addition to the repertoire of weekend liturgy there is in place of the old *tridua* for the sick, a new repertoire of annual communal services for the elderly and sick with blessing of the sick, as well as the individual communion for the sick, anointing of the sick etc. Furthermore, there are the categorical domains of penitentiary and armed forces as well as the marginal domains of trailer camps, fairground communities, shipping communities, companies, and amusement parks.

Finally, we will refer separately to ritual and liturgy at home.[21] Up until the 1960's, it could be said that a genuine home liturgy existed. After the 1960's, this home liturgy collapsed completely with the exception of praying before meals (rarely after!) that was often reduced to a brief moments of silence. In the meantime, more interest is being shown for forms of invisible religion. Not as locus of an idealised home liturgy, but as a place for a very diverse lively repertoire, small symbolic acts, modern forms of prayer, meditation, silence, ritual cherishing of small children, deceased family members and family whose memory is cherished via photographs, lights etc.

20. To my knowledge little or perhaps even no research has been carried out in relation to school rites, while it can be assumed that as a result of the search for expressing identity and the broad interest in ritual and symbolism in Christian schools, there is a considerable degree of vitality. It can also be assumed that there will be a difference between primary and secondary schools. The ritual and liturgical calendar at the primary school seems to continue to expand: besides the known reference points such as the beginning and end of the school year, Christmas and Easter, a whole series of calendar rites are adopted as school rites, cf. Palm Sunday, St. Martin ('Sint Maarten' procession), Halloween, St Nicholas.

21. A dissertation project has been initiated recently (2003) in Tilburg that will survey forms of liturgy in the home. In many new residential estates a form of home liturgy, whereby groups gather in houses, develops because a neighbourhood church simply does not exist. Here, home liturgy is an alternative to parish liturgy. For the definitions of house liturgy, family liturgy and liturgy at home see: the project description P. Post – M. de Haardt, *Liturgie thuis: een ritueel-liturgische verkenning van een sleutelrepertoire. Een onderzoeksvoorstel* (Tilburg, 2003) (with litt.); cf. generally: P. Post – P. Nissen – Ch. Caspers (eds.), *Religie thuis. Religiebeleving in het katholieke huisgezin rond 1900 = Trajecta* 4/2 (1995).

2.2.2. Media: TV[22]

The media, TV in particular, is a very important domain within which for some time now liturgy is presented dominantly in both a quantitative and qualitative sense. TV-liturgy has attained an important and permanent place in the Netherlands. This predominantly involves Sunday services. We could also have referred to the figures in connection with the parish weekend liturgy. Although the viewing figures do not specifically focus on liturgy (for instance, the fact that much TV liturgy is viewed in care centres is not taken into account) it can be assumed that the average participation on a Sunday morning is 150,000. There are 57 liturgy-broadcasts in a year. Another remarkable fact is that in addition to their own parochial liturgy, many elderly people also follow a TV liturgy on Sunday. If we combine TV and parochial liturgy at the weekends then we come up with a participation figure of 589,000, of which TV is responsible for almost a quarter. It should be noted that the TV figure remains constant or even increases. TV-liturgy, both the normal weekend services and those during festive days such as Easter vigil, Christmas night service, papal blessing *urbi et orbi* etc., is to a great extent liturgy for the elderly, the largest group of viewers is 65 years and older (more than 60% on average). TV liturgy can in fact be considered a remarkable form of categorial liturgy.

Here, we must also mention the tradition of broadcasting special services, rituals after disasters, papal visits, Catholic Day, royal weddings

---

22. Little research has been carried out for this domain of liturgy. The 'proprium' of Christian liturgy in a setting of modern media has received considerable attention for quite some time. A summary of the debate is offered in: M. Gertler: *Unterwegs zu einer Fernsehgemeinde. Erfahrung von Kirche durch Gottesdienstübertragungen* (Keulen, 1998) (= dissertation KUN 1998); W.M. Speelman, "Het ware licht: theologie van de liturgie in de media," in *Jaarboek voor liturgie-onderzoek* 16 (2000) 167-186; E. Henau, "Over de aanwezigheid van kerk en religie in de media," in *Jaarboek voor liturgie-onderzoek* 16 (2000) 45-56; B. Gilles, *Durch das Auge der Kamera. Eine liturgietheologische Untersuchung zur Übertragung von Gottesdiensten im Fernsehen*, Ästhetik – Theologie – Liturgik, 16 (Münster, 2000); Conference of the German Bishops, *Gottesdienst-Übertragungen in Hörfunk und Fernsehen, Leitlinien und Empfehlungen* Arbeitshilfen, 169 (Bonn, 2002; = updated version 1989, no. 72); a research report from a research project focussing on Dutch TV and radio liturgy is planned in 2004 (in the series *Netherlands Studies in Ritual and Liturgy* (Groningen/Tilburg): W.M. Speelman, *Liturgie in beeld. Over de identiteit van de Rooms-katholieke liturgie in de elektronische media* (in print). The figures used here (in relation to the situation in the first half of 2003 and the period directly previous to that) were provided by the KRO (Catholic Broadcasting Organisation), religion department, for which I would like to thank B. Verreijt and Ido Ypma.

and funerals. Much evidence points to the fact that the impact of both the 'normal' TV liturgies and the special occasion services is considerable.

2.2.3. Devotional Ritual[23]

I would like to distinguish devotional ritual as the next general section of this panorama. The current and still relevant discussion concerning terminology (from paraliturgy to religious popular culture) will not be addressed here. I specifically choose the designation devotional ritual because of the orientation of the term towards the characteristics of the repertoire being contemplated here. This involves a varied group of minor and major, older and newer ritual that is sometimes closely intertwined with, sometimes more distanced from official core (sacramental) liturgy. Consider sacramentals, blessings, forms of the veneration of saints (old and new), rites specifically focussed on material culture ('things'), image and place. Notable for the Dutch situation (although no systematic comparative research has been done) is the fact that from the 1950/60's this considerably sub-divided repertoire, rooted in all life domains, evaporates in its traditional forms to a great extent within a very short period of time.

Some footing in relation to participation is provided by the pilgrimage culture in particular. Based on research that has been, or is being carried out, the following picture can be briefly presented.[24]

Also during the period of liturgical renewal from the 1960's, major international pilgrimage, pilgrimage to Lourdes, survived. Although a figure of 7 million visitors per year is stated, from 1960 onwards, a figure fluctuating between 3 and 4 million seems more likely.[25] The number of

---

23. For terminology and characteristics of devotional ritual see: P. Post – L. van Tongeren (eds.), *Devotioneel ritueel*, Meander, 2 (Kampen, 2001), for terminology see 14-16; see also: P. Post, *Het wonder van Dokkum. Verkenningen van populair religieus ritueel* (Nijmegen, 2000).

24. Of the considerable (Dutch) pilgrimage research I refer here to the collection: P. Post – J. Pieper – M. van Uden, *The Modern Pilgrim. Multidisciplinary Explorations of Christian Pilgrimage*, Liturgia condenda, 8 (Leuven, 1998) and the major documentation project *Bedevaartplaatsen in Nederland* (BiN): P.J. Margry – Ch. Caspers (eds.), *Bedevaartplaatsen in Nederland*, I-III, Hilversum/Amsterdam, 1997-2000. See also the summary by P.J. Margry, "Bedevaartcultuur in millenniaristisch Nederland," in R. Kranenborg (ed.), *Rooms-katholieken*, Religieuze bewegingen in Nederland, 30 (Amsterdam, 1995) 90-120.

25. Figures relating to pilgrimage are always problematic. Available figures generally come from the organisation in question and are often not reliable. The problem among other things is the choice of a (reliable, representative, comparative) quantitative benchmark (e.g. communicants, visitors traced by the organisation). Another issue is the designation of a pilgrim: how decisive is the religious/devotional motivation? How can

organised Dutch pilgrims in 2001 amounted to 11,548.[26] Other major
international sites such as Fátima, the Padre Pio centre San Giovanni
Rotondo, Medjugorje, Rome and Jerusalem cannot compare in relation to
Dutch participation. Rome can be considered the second international
site, followed by Marian sites such as Beauraing and Banneux. Specific
centres such as Paray-le-Monial also attract hundreds of Dutch people
from the quarter of the spiritual reform movement. Although more a
regional Marian site, Kevelaer, albeit on a smaller scale, shows a similar
picture to that of Lourdes: people continued to visit (also during the
period 1960-1980), in total approximately 800,000 per year of which
approximately 10,000 from the Netherlands.

Another picture is painted by the regional devotional centres in the
Netherlands. The turnabout here around 1980 is notable: a number of
these regional sites, such as Dokkum, show a revival.[27]

Via the large-scale documentation project Places of Pilgrimage in the
Netherlands ('*Bedevaarten in Nederland-documentatieproject*' [BiN]) we
know that of a total of approximately 950 Dutch pilgrimage sites, there
are 69 'active' sites in the north of the Netherlands (e.g. Egmond,
Dokkum, Heiloo, IJsselstein, Amsterdam, Schiedam, Brielle), 90 in
Brabant (e.g. Handel, Boxmeer, Den Bosch, Bokhoven) and 89 in
Limburg (e.g. Roermond, Wittem, Maastricht, Thorn), that together make

---

that be measured? How can a differentiation be made between organised visitors and the
varied group of individual passing travellers? (This latter category is on the increase in all
sacred places during the last decade.) There is nonetheless, some reliable numerical data
available. For Lourdes: T. van Weel, Jr., *De Nederlandse Lourdesbedevaart 1920-2000.
Een historisch-godsdienstsociologische analyse van een succesverhaal*, = doct. thesis
UvA (Amsterdam, 2002); Chr. Park, *Sacred Worlds. An Introduction to Geography and
Religion* (London, 1994), particularly Ch. 8, pp. 245-285, Lourdes: pp. 282-285; for the
Padre Pio centre San Giovanni Rotondo: P.J. Margry, "Een 'beatus destructor' oftewel de
bulldozercultus van Padre Pio," in Post – van Tongeren (eds.), *Devotioneel ritueel* (n. 23),
pp. 91-134, beredeneerde cijfers: pp. 114-118. For Santiago de Compostela: N.L. Frey,
*Pilgrim Stories. On and Off the Road to Santiago. Journeys along an Ancient Way in
Northern Spain* (Berkeley, CA, 1998) 29s., 258s. notes 14-15 (see in addition here
below); for Wittem: H. Evers, *Pastoraat en bedevaart. Een onderzoek naar het pastorale
aanbod in het kader van de devotie tot Sint Gerardus Majella etc.*, doct. diss. Nijmegen
(Etten-Leur, 1993); for Dokkum: Post, *Het wonder van Dokkum* (n. 23); for Dutch sites in
general: Margry – Caspers (eds.), *Bedevaartplaatsen in Nederland* I-III and the databank
at the Meertens Instituut (Amsterdam).

26. Besides the military organisations, Lourdes excursions are organised by three
organisations: the *Vereniging Nationale Bedevaarten* in Den Bosch (per year approx.
7000), the organisation *Limburgse Bedevaarten* and the *Nederlandse Lourdesbedevaarten
voor Zieken* (together approx. 5000 per year). Cf. Van Weel, *De Nederlandse
Lourdesbedevaart.*

27. Post, *Het wonder van Dokkum* (n. 23).

up a total of 248 major and minor sites.[28] If we consider the volume of visitors to these sites, it becomes apparent that pilgrimage can in no way be considered a marginal phenomenon and as such deserves to be considered in relation to ritual-liturgical participation. During the 1970's, Wittem received between 60,000 and 80,000 organised visitors annually. Now with the obvious shift from organised group visits to more individual visits (including the so-called transients) the total number of visitors is estimated at approximately 200,000.[29] Although other regional sites attract fewer visitors, they can still rely on numbers between 10,000 and 50,000. Major exceptions include Den Bosch and Maastricht with a volume of visitors for Maria that can be considered both massive and permanent, with peaks in May and October; for which numbers have been quoted of between 100 and 250,000 per year.

A separate status is awarded to *Santiago de Compostela*. Although consideration in connection with the newly emerging rituals would be appropriate, I refer here to the pilgrimage to Compostela as exponent of a 'modern' pilgrimage. The emergence and the current flourishing of the pilgrimage to Santiago is a real success story. When we consider the officially issued, so-called 'compostelas' (a good indication of the lower end of estimations of the number of pilgrims annually) the emergence begins in the 1980's and continues intensely through to the second half of the 1990's. In 1997, this concerns 25,719 compostelas – 65% men, 35% women, average age 30, well educated, 70% Spanish. Of the other countries providing the main sources of visitors, France is number 1 followed by Germany, the Netherlands and then Belgium and Italy. The Netherlands is permanently in the top 3. This spectacular growth continues. Recent figures for 2002 show this clearly: total 68,952 official arrivals.[30]

Returning to the Netherlands, there is the notable development that a very specific form of the devotional repertoire, the public relics procession and – display, is recently experiencing a revival via manifes-

---

28. Numeric data was obtained from the '*Bedevaartplaatsen in Nederland*' project. The actual database from this project can be consulted via: http/www.meertens.nl/bol/

29. Wittem is one of the best researched regional pilgrimage sites: for numeric data see: Evers, *Pastoraat en bedevaart*; cf. also: Evers, in *Bedevaartplaatsen in Nederland*, III s.v. Wittem.

30. For numeric data see Frey, *Pilgrim Stories*, cf. our note 25; Cf. for some recent figures of 2002: *Jacobsstaf* 59 (2003) 126, *Peregrino* 85 (2003): total 68.952; 61.209 via the Camino Francés; 41,599 men, 27,353 women; 55,991 on foot; 12,777 by bicycle; 182 by horse; 2 in a wheelchair.

tations of Catholic liturgical life in the public domain (see also our section 'manifestation').[31]

2.2.4. Manifestations and Events

A separate form of ritual and liturgy is that connected to specific large and small-scale events. Since the unsuccessful papal visit in 1985,[32] a repertoire of manifestations and events has gradually emerged that seems to continue to develop, particularly during the last five years. Incentives would appear to be predominantly international (e.g. the successful World Day for Young People[33]). A large-scale liturgy service is generally the highpoint of the gathering. For some time now the German 'Kirchentage' has served as example.

On a smaller scale there are the Taizé-events (see below). As a general context it is necessary here to mention the tremendous expansion that the event and festival culture has undergone in the Netherlands.

2.2.5. Harvest Thanksgiving Masses[34]

A little known, and yet a form of liturgy manifestation that mobilises many people are the annual harvest thanksgiving masses. In the southern dioceses Breda and Den Bosch, more than 20,000 people gather in the open air in approximately 15 liturgical gatherings during a few weekends in August and the beginning of September.

2.2.6. Laboratories, Centres

2.2.6.1. *Urban centres*: As was the case in the 1960's and 70's, there are still important laboratories, specific centres with a strong appeal and aura in relation to liturgy. These are often urban centres, student churches, and certain urban churches. This can involve ecumenical and or experimental

---

31. While the southern provinces Noord-Brabant and Limburg have known more or less folkloristic forms of the relics procession (cf. Heiligdomsvaart, Maastricht), these reliquary manifestations are also known in the North since 2000. Reference point here is December 2000 when with a great *Entrada* a prestigious double exhibition of reliquaries (Amsterdam/Utrecht) was opened in Utrecht. Now the Utrecht city parish triumphantly carries out an annual procession with the relics of St. Willibrord through the city centre, all sorts of Dutch saints are carried around at the Catholic days in 2003 (also in Utrecht) and Dokkum also has the annual Day of St. Boniface a relics procession and display. Cf. Post – van Tongeren, *Devotioneel ritueel* (n. 23), Inleiding, 11-14.

32. Cf. Post, *Ritueel landschap* (n. 19), sub 4.2., 28-31.

33. H. Seidel, "Wereldjongerendag Parijs. Pelgrimstocht van de jonge Kerk," in *Communio* (Dutch ed.) 22 (1997) 225-231.

34. For harvest thanksgiving masses with litt.: Post, *Ritueel landschap* (n. 19), sub 4.3., 32-41.

services, but also more traditional liturgy. The *Dominicus* in Amsterdam, the *Saint John* in Den Bosch and the *Our Lady* in Maastricht are examples here.

Some urban centres are linked to certain ritual-liturgical, religious or spiritual movements. We will discuss various reform movements separately. The classification remains arbitrary and difficult. Here we will address: places where the Taizé-liturgy has a central role, Thomas services (or 'Thomas masses')[35] originating in Scandinavia, and centres for women's liturgy. Although there is still a specific assortment available in Groningen, Utrecht, Nijmegen and incidentally in a few other places, in comparison with ten years ago, and for example with the Anglo-Saxon language regions, there are no longer flourishing liturgical centres connected to the Feminist Liturgical Movement. This is also true for the once very influential church and socially critical centres, and ecumenical communities. These have almost completely disappeared.

Some centres profile themselves through a very specific accent or liturgical repertoire. There are for instance a few predominantly ecumenically operating centres throughout the country that focus on expression in the liturgy via dance and theatre (Amersfoort, Amsterdam) and centres for Eastern Orthodox liturgy[36] or Latin liturgy.[37]

2.2.6.2. *Cloisters and abbeys*: Cloisters and abbeys have for a long time formed an important and separate group of liturgical laboratories. Currently this concerns approximately 15 cloister churches that attract large groups of people on Sundays or throughout the week during divine office (particularly vespers)[38] (Diepenveen, Nijmegen, Huissen, Doetinchem, Vaals, Heeswijk, Achelse Kluis, Berkel Enschot, Oosterhout, Maarssen, Egmond).

35. J.W. Drost, "Een Thomas Celebration," in M. Barnard – N. Schuman (eds.), *Nieuwe wegen in de liturgie. De weg van de liturgie – een vervolg* (Zoetermeer, 2002) 44-49; J. Bosch – M. Gaasterland – J. van Oord, "Thomasvieringen in Amersfoort," in *Eredienstvaardig* 19 (2003) 90-93.

36. This concerns a number of churches and chapels that are increasingly attracting 'outsiders' (generally 50 to 100 on Sundays). Incidental large-scale services with (travelling) Byzantine choir will not be addressed here.

37. Throughout the entire country a network of places are maintained where Latin liturgy is celebrated regularly. Announcements and coordination is in the hands of the 'Vereniging voor Latijnse Liturgie' (with its own Bulletin). For Gregorian chant see below.

38. Large group is of course in this respect a relative concept. Primarily this concerns the Sunday morning liturgy and vespers that in some abbeys attract hundreds of people. Cf. I. Majoor – K. Sonnberger (eds.), *Kerken in de abdij. De inspiratie van een monastieke beweging voor het parochieleven van vandaag en morgen* (Baarn, 1999).

2.2.6.3. *Communities, prayer groups: liturgy linked to 'movement'*:
Distinct from this 'classic' group of cloister communities there are more
alternative communities and congregations.[39] The following classification
is applied: (a) progressive social and church critical groups; (b) traditionalistic, conservative groups; and (c) reform movements of a spiritual,
evangelistic and charismatic character.

The so-called prayer groups have a repertoire that is closely linked
with devotional ritual. Certain cults such as that of Padre Pio, Our Lady
of all Nations, Maria of Medjugorje have of old been organised via a
tightly knit international network of prayer groups that are primarily
supported by women. While this concerns a very important international
network, in the Netherlands this forms an extremely modest link.
National gatherings of these groups attract thousands of people, regular
regional meetings in e.g. Heiloo (Maria of Medjugorje, Maria of Fátima)
attract hundreds of participants.

Of an entirely different order are the centres of the broad charismatic
movement that is finding increasing support in many churches. Within
the RC church in the Netherlands, the charismatic movement forms one
of the larger and older movements. Estimates show approximately 170
prayer groups, and national meetings attract an average of 2000 people.

In connection with this, it should be noted that an increasing number
of people are becoming attracted to flourishing evangelical congregations
and centres.

2.2.6.4. *Taizé:*[40] Another separate group is formed by the Taizé-services.
This type of youth liturgy has enjoyed considerable popularity for some
time now. Taizé groups have been set up in many places and services are
held in Taizé style. This involves tens of Catholic parishes and Protestant
congregations where groups, who are sometimes closely, sometimes less
closely, connected with the local parish, organise all sorts of Taizé
services (Taizé service – prayer, youth prayer with T. hymns etc.),
sometimes on a monthly basis. There are seven places in the Netherlands
with their own preparation groups recognised by Taizé: Amsterdam, Ede,

39. L. Winkeler, "Religieuze bewegingen in het Nederlandse katholicisme," in
Kranenborg (ed.), *Rooms-katholieken*, 121-142.

40. In addition to Gregorian choirs and youth choirs, Taizé-groups are central in the
already mentioned research project, *Om de parochie*, by M. Hoondert. The data presented
here was made available by him. See also: L. Aerts, "Jonge mensen bij de bron: liturgie in
Taizé," in Barnard–Schuman (eds.), *Nieuwe wegen* (n. 35), 147-157; J.M. Kubicki,
Liturgical Music as Ritual Symbol: A Case Study of Jacques Berthier's Taizé Music,
Liturgia condenda, 9 (Leuven, 1999).

Enschede, Groningen, Leeuwarden, Utrecht and Wageningen. Large-scale national gatherings ('national meetings') that attract hundreds, sometimes thousands of young people, are held regularly (Rotterdam 1996, Leeuwarden 1998, Utrecht 1999, Amsterdam 2001, Enschede 2002, Breda 2003).

2.2.6.5. Inter-religious, inter-cultural ritual: Although rites and symbols are often referred to in the media and literature, there are few examples of real inter-religious and/or inter-cultural ritual. At best, ritual in which for instance Jewish, Christian and Islamic elements (primarily prayer repertoire) are combined, takes place during special occasions and manifestations such as memorial services. The *Moses and Aaron church* in Amsterdam is a podium for this kind of prayer services (as is Assisi internationally). At a local level there are incidental examples of multi- or inter-cultural, and/or religious services, such as in 2002 in the Lombok neighbourhood in Utrecht on the anniversary of the RC *Anthony church* there.

Of a different order are immigrant Christian services, both Catholic and Protestant. These groups seek ways to celebrate liturgy in their own manner. Again the major cities (particularly those of the urban agglomeration of Western Holland, Rotterdam, The Hague, Amsterdam and Utrecht) are the places where many groups celebrate liturgy according to their own liturgical tradition, often with their own ministers, e.g. ex missionaries. This is how Antillean, African, Spanish-, Portuguese- and Sri Lankan Christians (predominantly Catholic) celebrate their traditional liturgy.[41]

2.2.6.6. Spiritual centres:[42] Then there are the more recent so-called spiritual centres. These provide a link to the following large and general cluster of newly emerging repertoire. This involves approx. 20/25 centres for new Christian spirituality where individual perception and self-expression play a central role. These are located in the interesting border area between traditional Christian roots on the one hand and new trends in relation to spirituality and rituality on the other (e.g. *Han Fortmanncentrum*, Nijmegen; *Ignatiushuis, De Tichel, centrum La Verna*, all three located in Amsterdam, set up by Jesuits, Franciscans and

---

41. Cf. e.g. K. Ferrier, "Afrikaanse liturgie in de Rotterdamse binnenstad: migrantenkerken in Nederland," in Barnard–Schuman (eds.), *Nieuwe wegen* (n. 35), 34-37.

42. A good introduction is provided by: P. Versteeg, "Meditatie en subjectieve betekenisgeving: meditatie als rituele vorm binnen nieuwe christelijke spiritualiteit," in *Jaarboek voor liturgie-onderzoek* 19 (2003) 261-276.

Dominicans). The repertoire includes ecclesiastical-liturgical, general religious, therapeutic, profane-secular and literary-artistic components. The services can perhaps best be typified as meditation services. Small core groups maintain these centres that continue to increase in number.

2.3. The General Ritual Milieu, Trends, Emerging Rituals[43]

As third major group, we refer here to the broad general ritual milieu, the general ritual patterns in the culture within which, more explicitly, emerging rituals are to be found: new forms of ritual, sometimes still wet behind the ears so to speak, that also sometimes develop and become part of the established repertoire within an incredibly short space of time. Here we are beyond parish and church. I will link developments in this area to several more or less concrete reference points.

2.3.1. Places of Silence[44]

Since the 1980's, an extensive network of so-called places of silence has come into existence in the Netherlands. Currently this involves a very comprehensive network of hundreds of larger and smaller places for reflection and silent prayer. More specific are the chapel like spaces in care institutes, schools, public buildings and offices that can have a general and open character or be focused on a certain religious/ritual tradition. It would appear that the term 'place of silence' is being used increasingly for any place of rest and silence: cloisters, nature areas, meditation centres, museums and the already mentioned more specific places of silence. A second expanded edition of the *Stilte Atlas*, a kind of directory, contains 357 places of silence specified per province.[45]

2.3.2. Public Domain: Feast and Festival, and Commemorating

It has been noted from a variety of sources that around 1960 the churches withdrew from the various domains of culture in which until then they

---

43. For the term, emerging ritual, see: R.L. Grimes, *Reading, Writing, and Ritualizing. Rituals in Fictive, Liturgical and Public Places* (Washington, DC, 1993), Ch. 2, pp. 23-38; N. Mitchell, "Emerging Ritual in Contemporary Culture," in *Concilium* (Eng. Ed.) 31 (1995) 121-129 = "Opkomende nieuwe riten in de hedendaagse cultuur," in *Concilium* (Ned. Ed.) 31 (1995) 138-147.

44. P. Post – P. Schmid, "Centrum van stilte," in M. Barnard – P. Post (eds.), *Ritueel bestek. Antropologische kernwoorden van de liturgie* (Zoetermeer, 2001) 162-170 with litt.

45. T. Breukel, *Stilte atlas van Nederland: meer dan 100 plaatsen om tot rust te komen* (Amsterdam, 2000; 2nd ed. 2002); E. Galle, *Stilte-atlas Vlaanderen* (Leuven, 2001).

had had a permanent place, to within the walls of the church buildings. The vacuum that emerged as a result is being filled increasingly. Two major types of ritual repertoire draw the attention here: celebrations and commemorations. The explosion of feast and festival has often been addressed.[46] A note in relation to commemorative ritual will suffice here.[47] Increasingly, commemoration no longer takes place within the seclusion of the church building or at the home, instead people are, as is the case with feast ritual, opting for a more public setting. Well known are the many roadway crucifixes and small monuments that mark fatal traffic accidents (the number of fatalities resulting from road traffic accidents in 2002 amounted to 1066),[48] and particularly striking is the sudden emergence of the repertoire of ritual after a disaster or attacks, or more generally: ritual after a sudden unwarranted death.[49] The coherent ritual of the silent procession, a memorial service and a monument, became established remarkably quickly. Since 1992, the typically Dutch phenomenon of the silent procession, often in combination with a memorial service, attracted many hundreds of thousands of people after various disasters and attacks. In relation to participation, this concerns a dominant ritual repertoire.[50]

An obvious trend in the memorial culture is that certain victim groups develop their own rituals in annual memorials. Not only victims of specific disasters come together, but also those left behind by AIDS victims, missing persons, victims of meaningless street violence or cancer. This concerns large groups who hold annual ritual gatherings with often very creative services in which Christian or generally religious and profane elements are combined. A striking example of this memorial

46. Gen. for celebrations/feasts and commemorations: Post et al. (eds.), *Christian Feast* (n. 12).

47. J. Perry, *Wij herdenken, dus wij bestaan* (Nijmegen, 1999); P. Post – A. Nugteren – H. Zondag, *Rituelen na rampen. Verkenning van een opkomend repertoire*, Meander, 3 (Kampen, 2002); P. Post et al., *Disaster Ritual. Exploration of an Emerging Ritual Repertoire*, Liturgia condenda, 15 (Leuven, 2003).

48. Post, *Ritueel landschap* (n. 19), sub 4.4., 42-46 supplemented by Chr. Aka, "Unfallkreuze am Straßenrand – Orte der Trauer und der Suche nach Sinn," in *Volkskunde in Rheinland-Pfalz* 17/2 (2002) 43-58.

49. Post–Nugteren–Zondag, *Rituelen na rampen* (n. 47); Post et al., *Disaster Ritual* (n. 47).

50. The ritual of the silent procession in combination with the memorial service was discussed and analysed extensively in Post–Nugteren–Zondag, *Rituelen na rampen* (n. 47) and Post et al., *Disaster Ritual* (n. 47); see also: P. Post, "La marche silencieuse: perspectives rituelles et liturgiques sur de nouveaux rites populaires aux Pays-Bas," in *La Maison-Dieu* 228 (2001) 143-157 = "Silent Procession: Ritual-Liturgical Perspectives of an Emerging Popular Dutch Ritual," in *Studia Liturgica* 32 (2002) 89-97.

culture is the 'cancer service' in the Koningin Wilhelminabos near Dronten. Every year, in November, a maximum of 6000 people (numbers must be limited, and a waiting list exists) come together in three sessions in a memorial service for the victims of cancer of that year. There is a service (with music, poetry, speeches and silence) at a circular monument on which the names of that year's deceased are engraved in sheets of glass, there is a silent procession to a section of the forest where the loved ones and next of kin plant a young tree for each victim under the motto '*Bomen voor leven*' (Trees for Life).

The dimension of reconciliation is strong in many forms of the here briefly mentioned memorial ritual, creating a connection with the broad and diffuse array of existing new rites of forgiveness and reconciliation (that, with respect to innovations can also be traced within A and B).[51]

2.3.3. Rites of Passage[52]

A broad and diverse degree of emerging ritual can be found in the area of rites of passage. The sudden vacuum of the 1960/70's was filled from the 1980's onwards by a profusion of new ritual. This includes birth ritual, commitment ritual, retirement ritual, house consecration ritual, divorce ritual (the number of divorces is currently approx. 35,000 per year), leaving home ritual and adoption ritual.[53] This ritual, which although often ad hoc does show evidence of increasing trends and derivations, has scarcely been researched and documented. A compilation of homo and lesbian commitment rites appeared recently which showed for instance how often the ecclesiastical-liturgical tradition served directly or indirectly as the supplier of the ritual.[54]

For some time now the media have paid attention to the colourful variety of rituals in relation to death. The Dutch graveyard and burial culture in particular seems to take up an advanced position internationally.[55]

51. Cf. G. Lukken – J. de Wit (eds.), *Gebroken bestaan* 1-2, Liturgie in beweging, 3-4 (Baarn, 1998/1999).

52. See gen. Lukken, *Rituelen in overvloed* (n. 12), chapter 8, 245-276.

53. It is often assumed in connection with this that there are many (commercial) rites agencies active in this market. Here also this would seem to a considerable degree to be a question of perception. There are only a few of such agencies active and these are generally run by one person.

54 T. Kalk – C. Rikkers, *Wij gaan ons echt verbinden. Verbinteniseremonies voor homoseksuele en lesbische stellen* (Amsterdam, 2002).

55. Aldus R. Sörries, "Bestattungs- und Friedhofskultur der Gegenwart. Vom Angebots- zum nachfrageorientierten Markt," in A. Gerhards – B. Kranemann (eds.),

We are also seeing inner-ecclesiastical victim groups, such as the graveyard monuments for (un-baptised) children previously buried in unconsecrated ground, which originated approximately 5 years ago. In essence, this is a kind of reconciliation ritual through which the church is making a gesture towards the many parents and family members who experienced the 'hiding away' of their prematurely deceased children as a great and deep injustice.

2.3.4. Internet, World Wide Web[56]

A new domain for new rituals is that of the electronic media. Here rituals play a role in numerous ways. Memorial and death rites are predominant here. There are many forms of virtual death ritual, graveyard sites, memorial sites etc. Although hardly any systematic explorations of this phenomenon have been carried out, in terms of participation we are dealing here with an unquestionably relevant repertoire.

2.3.5. Ritual, Art and Culture

Under this very global and significant denominator I would like, in conclusion of this panorama, to mention ritual, that often with an explicit religious slant, is linked to the arts. This can involve reflective services in a museum, literary gatherings in relation to a book or author, (experimental) theatrical performances that are often very close to religious ritual. With regard to participation, these examples form a marginal repertoire. This is however not true for services, gatherings etc. where music and singing have a central role. Examples of these include cantata services, Gregorian chant performances, hymn services, the 'sing-along' St Matthew Passion and church organ sessions etc.

2.3.6. 'Broad Ritual Culture'

This large general cluster consists of what we could call the broad ritual culture with many sub-repertoires of varying and sometimes difficult to evaluate ritual-symbolic quality. Consider for instance the settings for sport, youth music, advertising, musicals, TV-soaps, shows, manifestations and events etc. A general indicative reference will suffice, and I would also point to the fact that all sorts of current forms of

---

Christliche Begräbnisliturgie und säkulare Gesellschaft, Erfurter Theologische Schriften, 30 (Leipzig, 2002) 204-217.
    56. For an initial exploration with litt. list see: P. Post, "De kus door het glas. Moderne media als ritueel-liturgisch milieu," in C. Sterkens – J. van der Ven (eds.), *De functie van de kerk in de hedendaagse maatschappij. Opstellen voor Ernest Henau* (Averbode, 2002) 263-285.

previously and briefly mentioned 'invisible' and 'civil' 'religion' are specifically present here.

3. Répertoire-Developments Looked at in More Detail

3.1. A Brief Initial General Balance

I experienced compiling this panorama as an educative and a surprising undertaking. Specifically in relation to the relationships and accents in connection with comparison of participation in the various repertoires. The parish liturgy is put strongly into perspective in the panorama. Stability and occasionally an increase in participation is evident only for first communion, and particularly marriage and burial, whereby empirical data also confirms the primary appropriation of life ritual, of rite of passage. Increase, movement and dynamics are evident in clusters B en C in particular, that I also in part typify as 'emerging liturgies' and 'emerging rituals'. Forms of devotional ritual such as pilgrimage are remarkably vital. It would be interesting to investigate the background to this in greater detail, for instance in connection with the long standing tradition of devotion criticism in Liturgical Movement circles. The recent Roman directory concerning popular piety is also particularly topical and relevant.[57] TV has captured a very important place in relation to weekend liturgy participation, particularly in the form of elderly ritual, something, which in connection with the far reaching rise in the ageing population in our society is an important observation. Forgotten domains such as home and public sphere appear to be the preferred loci for emerging rituals. Cloisters and abbeys are popular places for liturgy, and in (particularly urban) centres modest experimentation on the cutting face of ritual, liturgy and spirituality takes place. Manifestations have become an important form of ritual, and celebrations and commemorations appear as dominant ritual repertoires.

Continuing, we will consider this panorama further from the viewpoint of inculturation and active participation. Firstly, we will review that concept of inculturation programmatically.

3.2. 'Ritual-Liturgical Inculturation'

I think that in relation to the central concept of liturgical inculturation a number of re-adjustments are both possible and advisable, and this from

---

57. *Directory on Popular Piety and the Liturgy* (Vatican City, December, 2001).

different backgrounds.[58] For some time now reference has been made to the fact that the image of active participation and liturgical inculturation in liturgical studies often still rests on either the idea and ideal of a popular church ('Volkskirche', 'volkskerk'), or that of an ideal core community that is firm in faith and continually and closely involved in the liturgical repertoire. Meanwhile the insight, fed by religious sociology and modern ecclesiology, grows that both visions serve the truth poorly. The period of a popular church is definitely gone and in the ideal of the actively participating community, the hand has been overplayed. The core community is small, the margin surrounding it broad and multiform. A great many of the 'flock' are festive Christians, or only involved with the liturgical repertoire during certain phases of their lives, or liturgical repertoire is appropriated as a framework-ritual in an open, general-religious or 'therapeutic' manner.[59] In addition to peripheral ecclesiastical faith and celebration, now there is also extra ecclesiastical faith and celebration. This can all be seen clearly in our panorama. The Catholic sociologist of religion Staf Hellemans from Utrecht expanded on this recently.[60] He sees the period 1960 to approx. 2020, after the in many respects unique period 1850-1950, as a transitional period in which church and liturgy seek a new position. Internally there is the development from a mass or popular church to a small, 'choice church' ('keuzekerk'), externally there is the broad flow of religion and rituality that is no longer explicitly connected to institutions such as churches, this is the line of looser and general-religious forms. Hijme Stoffels, a Protestant sociologist of religion from Amsterdam, refers in this respect to 'wild devotions', of unrefined old and new religious and ritual forms.[61]

58. From the richly filled dossier on liturgical inculturation, I refer here to a few titles by Lukken: G. Lukken, *Inculturatie en de toekomst van de liturgie*, Liturgie in perspectief, 3 (Heeswijk-Dinther, 1994); Idem, "Inculturation de la liturgie. Théorie et pratique," in *Questions Liturgiques – Studies in Liturgy* 77 (1996) 10-39; Idem, "Inculturatie en liturgische muziek," in A. Vernooij (ed.), *Toontaal. De verhouding tussen woord en toon in heden en verleden*, Meander, 4 (Kampen, 2002) 9-44. Cf. also: Idem, "Implantatie versus inculturatie? Een nieuwe instructie over het vertalen van de Romeinse liturgie," in *Eredienstvaardig* 17 (2001) 127-131.

59. I have borrowed the term 'therapeutic ritual' from P. Zulehner, "Wenn selbst Atheisten religiöse Riten wünschen," in Gerhards–Kranemann (eds.), *Christliche Begräbnisliturgie* (n. 55), 16-23, here: 22; it comes close to that which I indicate as purging or reconciliation ritual, cf. Post, *Het wonder van Dokkum* (n. 23), 154s.

60. S. Hellemans, "Van volkskerk naar keuzekerk," paper on the symposium 'Een kerk met toekomst', Utrecht, on 7 March 2003, cf. in S. Hellemans – W. Putman – J. Wissink (eds.), *De katholieke kerk in Nederland 1960-2000*, Utrechtse Studies, 4 (Zoetermeer, 2003) 9-39.

Church and ecclesiastical repertoire become marginal, but religion and ritual remain important and visible in our culture.

Here, I am interested in the insight that the concept of active participation and liturgical inculturation, as developed through liturgical studies since the beginning of the previous century, stems from a fundamentally other situation of church and culture. Taken from that insight, further reflection on the concept liturgical inculturation, and consequently on liturgical participation and the research design of liturgical studies would seem appropriate.

Continuing, I would like to briefly explore a possible direction for such a reorientation.

3.2.1. Repertoire Related Inculturation Reflection

In the liturgical studies research design already recommended and described by me, inculturation is closely connected with a series of research phases including an analysis of the ritual-liturgical milieu, close to the liturgical and ritual practice. This results in the emergence of an inculturation reflection that is strongly linked to the ritual praxis and repertoire. The analysis focuses on concrete forms of (searching) inculturational repertoire, and on describing, analysing and evaluating that. What are the inculturational strengths and qualities? In the broad context of cultural, socio-economical and anthropological settings, of contexts of time and place, of acting performers and participants, of larger or smaller, conscious or unconscious occasions, in the continual interaction of meaning and design that we currently like to describe as appropriation,[62] in that broad context, inculturation is focused in the first instance on ritual repertoires, on processes of ritual design, in which people (wish to) participate. Thus, inculturation and participation are linked programmatically, and from that point of view, our panorama not only provides a picture of inculturation, but also one of participation.

---

61. H. Stoffels, "'Wilde devoties' als doe-het-zelfreligie: een terreinverkenning," in Barnard–Schuman (eds.), *Nieuwe wegen* (n. 35), 28-33. Cf. Heitink–Stoffels (eds.), *Niet zo'n kerkganger* (n. 7).

62. Via the concept appropriation, dynamics and stratification is created in culture and rite analysis: cf. de theoretische uitwerking door Frijhoff: W. Frijhoff, "Toeëigening: van bezitsdrang naar betekenisgeving," in *Trajecta* 6 (1997) 99-118 and recently in: Idem, "Toe-eigening als vorm van culturele dynamiek," in *Volkskunde* 104/1 (2003) 3-17. From the (performance orientated) liturgical theology corner, stratification is introduced in somewhat parallel manner by differentiating in the area of meaning of ritual/liturgy: official, public and personal meaning, cf. M. Kelleher, "Liturgical Theology: A Task and a Method," in *Worship* 62 (1988) 2-25, here 6.

3.2.2. A Diagram with Circles

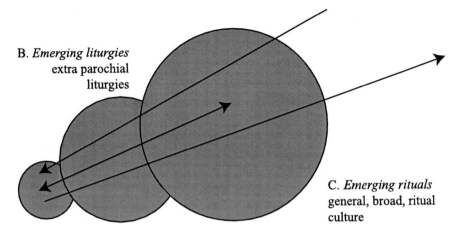

A. *Core liturgy*

Diagram 1: Antropological / cultural milieu

Based on our panorama, I now come to a diagram of moving circles. Liturgical inculturation is now linked to the mutual connection between the three moving circles, A. core liturgy, B. extra parochial liturgy, including so-called emerging liturgies and C. the broad, general ritual milieu in current culture, including emerging rituals. In essence, inculturation now means in-bedding and positioning in the anthropological, cultural milieu. Here the connection and interference between these, in our complex and dynamic culture continually moving circles, is of decisive importance. The in many respects marginally positioned liturgical core ritual is via the repertoire circles B and C (still) in direct contact with broad culture trends and the dominant qualities of these. Key repertoire (from the perspective of inculturation and participation) in the diagram is particularly the second (B) that continuously mediates between the traditional core and ecclesiastical liturgy, and the broad emerging rituals in culture.

3.3. The Rites Paradox and the Perspective of Peripheral/Extra-Ecclesiastical Celebration

This general perspective concerning inculturation can subsequently be linked to a previously signalled paradox and from there with an even longer existing avenue of research. The paradox involves the observation that while on the one hand the interest in and desire for ritual in our society continues to grow (see C), on the other, the volume of regular church visits continues to decrease (see A). That paradox has for some time interested rite experts, liturgists, sociologists of religion and theologians, and in general the explanation thereof – at least in part – is linked to the regular ecclesiastical-liturgical assortment. In recent times, that paradox has instigated research of so-called extra-ecclesiastical faith and celebration in our country, but also in Germany and America. Although the concepts 'ecclesiastical', extra-ecclesiastical or 'non-ecclesiastical' are extremely relative and difficult to employ heuristically, and although much research tends to focus on general expression of faith and religiosity and much less directly on rites, I would like to list a series of findings from this type of research for our framework.[63] I do this primarily because I recognise important perspectives for the re-adjustment of our inculturation and participation concept.

3.3.1. Closed Community

A first general conclusion appears to be that the average ecclesiastical liturgy is not aimed at occasional visitors, whereby it should be noted that a large section (read: an increasingly large section) of church members can be counted as belonging to this group. Research shows how the problem of the church community in particular comes to the fore. The occasional visitor is immediately aware of being a guest, placed directly in the role of outsider. Terms such as 'tourist', 'spectator' and 'outsider' are heard regularly in interviews. It is obvious that we find ourselves here in the middle of the fundamental issue of liturgical participation and the church community as the subject of liturgical performance. In 1903, Pius X wanted to break through that very role of spectator (he thought explicitly of the theatre of that time) with the term *partecipazione attiva*.

3.3.2. Margin, Border Region

In connection with this, appears the role of the margin. Words used here each have their own connotation and ballast: margin, border region,

---

63. This type of liturgy and rites orientated research has for some time been carried out by Lukken and myself. This type of exploration is currently also taking place in Germany, I refer here to Schilson, Ratzmann and Grethlein. The work, as yet strongly focussed on general religiosity (cf. A. van Harskamp, *Het nieuw-religieuze verlangen* [Kampen, 2000]; E. Borgman – A.-M. Korte [eds.], *De religieuze ruis in Nederland. Thesen over de versterving en de wedergeboorte van de godsdienst* [Zoetermeer, 1998]) gets now more and more also a ritual focus (cf. G. Heitink – H. Stoffels, *Niet zo'n kerkganger* [n. 7]).

narthex, and threshold region. This is about the border region, the margin within which the continuous double movement from inside to outside and from outside to inside takes place (more in relation to this below). Modern inculturation strategies that are focussed on the development, provision and evaluation of a differentiated repertoire, exist to a great degree by the grace of periphery and margin, of places out with the spotlights of central authorities, centres out of the mainstream.[64] Many refer to the centralization after Trente, and to the great homogenisation of the ritual-liturgical repertoire in the second half of the previous century.[65] Ritologists and liturgists make an appeal for fostering places where a sub-community, a small group in the margin at the cutting face of cultus and culture, can experiment with, and create and invent ritual.

However, in addition to being open places where alternative repertoire can be developed, the margin is often, from a specific introspective inculturation strategy, unilaterally involved as threshold or narthex in relation to core/ecclesiastical liturgy. The margin, the border region, functions unilaterally as a forecourt to ecclesiastical liturgy, it is referred to as threshold liturgy, as catechumen liturgy, while it concerns an open area, it is about liturgy and ritual on the border, the border indicates contact back and forth between inside and outside, between members and non-members, baptised and un-baptised.

It is important to see that occasional participants generally do not have the desire to become regular churchgoers, while within the core community and ecclesiastical-liturgical policy frameworks, this is largely seen as the background for inculturation/participation strategies. Margin and narthex are here often one-sided ports and threshold areas via which it is intended and hoped that people will enter. A re-assessment of the inculturation concept is appropriate here. We will have to accept occasional participants as a fixed group, as a status of its own with a corresponding zone and repertoire. That ritual status (that sometimes takes the form of a phase) is connected with a certain form of faith and religiosity to which an *a priori* negative classification as a vague replacement, para-liturgical, para-religious etc. no longer applies. The point of reference is then too much of an embedding of religion in a culture of the recent past through which the entire nature and form

64. Cf. P. Post – J. Pieper – R. Nauta, "Om de parochie. Het inculturerende perspectief van rituele marginaliteit," in *Jaarboek voor Liturgie-onderzoek* 14 (1998) 113-140; it is R.L. Grimes in particular who refers to the important role of the margin for ritual vitality: cf. T. Swinkels – P. Post, "Beginnings in Ritual Studies according to Grimes," in *Jaarboek voor liturgie-onderzoek* 19 (2003) 215-238.

65. P. Bradshaw, "The Homogenization of Christian Liturgy – Ancient and Modern," in *Studia Liturgica* 26 (1996) 1-15.

(including rites!) within which religion is manifest is underestimated.[66] A remarkably re-occurring metaphor in relation to this is the image of the pilgrim and pilgrimage: religiosity is searching in character, people are looking for adequate forms of expression within a suitable ritual zone, suited to the singularity of the individual, relevant to daily life.[67]

3.3.3. Differentiations and Configurations

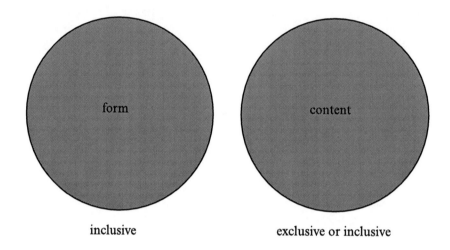

Diagram 2: Configurations

These findings in relation to extra-ecclesiastical, marginal or peripheral faith make their own specific demands on ritual repertoires from the perspective of inculturation and participation. Certain, in this sense successful repertoires have now to a degree been explored, such as Taizé services, Thomas services and certain very successful evangelic services (such as the *Bethelgemeente* in Drachten, a fast growing congregation comparable to the well-known American growth church of Willowcreek).[68] Generally speaking, we can once again argue that in

66. See here work of A. van Harskamp, cf. our note 63.

67. Cf. S. Miedema, "Ze hebben het geloof al. Over jongeren, jongvolwassenen en de kerk," in Heitink–Stoffels, *Niet zo'n kerkganger* (n. 7), 113-129, particularly 116ss.

68. The *Bethel gemeente* in Drachten and Taizé services are discussed in the contribution of Miedema mentioned in the previous note. For the Thomas services see the list at the beginning of note 35 as well as: C. Stark, "Kerkgangers bij gelegenheid," in Heitink–Stoffels, *Niet zo'n kerkganger* (n. 7), 91-111.

addition to forms of threshold and catechumen liturgy (that focus eventual inculturation on growing towards the core liturgy and church community) there must be an inculturation strategy within which the closed character of the community liturgy is broken open. This can be achieved in a number of ways. This presupposes a different and multiform liturgical ritual assortment, with – and this happens seldom – also multiformity and differentiation within the actual service. In other words, this means that as is the case in so-called Thomas masses, it should within the framework of a service, be possible to choose a level of participation.

This is now regarded as the development of various configurations.[69] Configurations could be typified as ritual repertoires within which certain categories of form and content in particular (i.e. in terms of openness and identity) converge. Of particular importance to our perspective of inculturation and participation is the inclusiveness and exclusiveness of ritual form and content. There are configurations that in relation to form and content are exclusive, where an own inalienable identity is of primary importance, such as the freemason rites or the Jewish Orthodox repertoire, Latin mass or Eastern Orthodox liturgy. It is interesting to note how these exclusive configurations can be very attractive for people specifically because of their closed exclusivity. Configurations that (partially or explicitly) focus on the peripheral and the extra-ecclesiastical are generally inclusive in design, in other words: open, hospitable, inviting and modern/contemporary. The content and message can be exclusive from the point of view of an own identity (as is the case with the previously mentioned *Bethelgemeente*, or Taizé) or more inclusive (e.g. certain meditation services).

An important inculturation/participation perspective now exists through developing various adequate configurations (in other words: with inclusive components), subjecting these to critical evaluation and implanting these. Our panorama shows such configurations in the second two clusters or circles. The image of pilgrimage is also suited here: this involves an open search, the core parish can be the podium, the focus can be on certain target groups, or specifically on the combination of groups as has been the case for some time in family services, and people can also deliberately seek new places out of existing church buildings.

69. Cf. Miedema, "Ze hebben het geloof al" (n. 67), 129. I appropriate the concept here in relation to this elaboration on ritual liturgical inculturation.

3.4. Three Forms of 'Ritual-Liturgical Inculturation-Repertoire'

Here, I will expand and concretise the line of re-assessed liturgical inculturation and new configurations. As examples, I wish to discuss three specific forms of this. The three briefly discussed types of configurations encompass certain ritual (remarkably enough much less multiform) qualities and trends that we generally find in the discussed repertoires. These are not major experiments. On the contrary, we find ourselves in the margin where fixed text creations and developed theology are not predominant: this generally concerns very intuitive design, these are small multiform innovations that point the way to a new cultural and anthropological rooting of Christian ritual via open basal ritual. That openness does not however preclude a clearly defined service. The service, in fact often has a fixed structure. In a quite singular manner, participation and inculturation as well as a certain ritual standardisation and variation go hand in hand here. By way of a brief typification, I will address three forms.

3.4.1. Services in the Spirit of Taizé[70]

Taizé services, also known as 'services in the spirit of Taizé' that focus on young people are held in many places, often in parishes. The church space is adapted, tea candles burn, people sit on the ground in half-light. The service is very simple in design, the Taizé-song culture, reading from the Scriptures and repetition and silence determine the whole. The few existing studies of this repertoire that is so popular with young people indicate the contrast experience that people can have: in a hard, ugly, fast, individualistic world, the dream of unanimity, beauty and simplicity, peace and harmony and trust and reconciliation is momentarily cherished.

3.4.2. Thomas Service[71]

The Thomas services that originated in Lutheran circles in Helsinki, focus on yet another segment: the broad middle-orthodox group of doubters and seekers, young and older people alike who visit church sporadically. The boundary RC/Reformation is somewhat blurred here. The services, that are held several times a year, often in new urban neighbourhoods (where a church building is frequently shared by several denominations), have a liturgically familiar four-part structure of preamble, service of the Word, service of response and conclusion. There is a conscious alternation between word and silence, images, image

70. For the Taizé service see: our note 40.
71. For the Thomas service see: our note 35.

projections and singing. Where possible, the church space is also kept dark, anonymity is important. The service, which is exceptionally dynamic, is strongly focussed on experience and the tension between individual and community. Things are planned in a variety of locations within the space and people are free to choose which locations they attend, a so-called 'holy chaos' reigns. Instead of being a preacher, the minister is more of a director responsible for monitoring the general line.

3.4.3. Meditation Services[72]

Finally, there is the emerging third form of inculturation service, the meditation service, often connected to the already mentioned spiritual centres. Although operationally often very diverse, this type of service generally follows a fixed pattern. The form employed in the *Ignatiushuis* in Amsterdam can serve as an example here. The space, a chapel, is adapted. People sit in a circle, preferably on the ground or on meditation seats. Certain objects, for instance, a bible, a candle and a devotional object, an artwork, twig or the like, are placed either within or out of the circle. Silence and music form the introduction that is followed by physical movement. This is followed by the reading of a meditative text. After a short meditation by the leader/minister, there is the opportunity for a 15 to 20 minute silence. The text is then read aloud again. The whole is concluded with a poem and/or prayer. After the service, the participants exchange experiences and partake of beverages.

The similarities between these three forms of threshold services are immediately obvious. The ritual-liturgical foundation is open and basal; it involves a hermeneutic open space, the participants, as providers of meaning, as appropriators, are central. In such a concept, words are put into perspective, and music and images, and in particular silence, come to the fore as the central form of ritual expression. The success of this form, that we also come across in the emerging rituals in places of silence, is significant: a growing group of people find here an adequate ritual form, a form that can connect well with mystagogical paths. In my opinion, the success of this ritual form also explains the attraction of cloister liturgy, or forms of devotional ritual. After all, cloister- and abbey liturgy and pilgrimage are experienced by many as just such an open space.

This brief indication will suffice here. My interest is in evoking the configurations, in the directly obvious similarities and differences. I already indicate the place for meditation and silence, the role of music and the alternative spatial disposition as communal ritual qualities.

---

72. Cf. Versteeg, "Meditatie" (n. 42).

Although many themes present themselves proceeding from this current exploration of repertoires and inculturation through new configurations – I refer specifically to that of individual and community, of tradition and ministry – I will necessarily limit myself to one more general point through which I will attempt to achieve a sort of synthesis.

3.5. A Fundamental Attitude

As last theme in this repertoire review, I propose questioning the extremely complex point of the ritual-liturgical fundamental attitude, through which, I in actual fact return to the debate on 'the spirit of the liturgy' (Ratzinger), already mentioned in our opening.

My entire argument, based on actual current repertoire, is founded on a specific fundamental point of view, namely, an open attitude towards liturgy that is not fixated on a closed and isolated first circle. That fundamental point of view, directly connected to the programme of the Constitution on the Sacred Liturgy and with the sketched concept of ritual-liturgical inculturation, continues to present a double contextuality: the anthropological and cultural. That fundamental attitude is coming under increasing pressure.

Focussing fundamentally and consequently on anthropological settings would endanger the identity and individual character of the Christian ritual, would deliver liturgical studies to the 'dangerous' ritual studies.[73] In opposition to this, the option of a (unilateral) position of liturgy as *katabasis* is adopted, the active dimension of ritual creativity and ritual performance in relation to liturgy is concealed.[74] The neo-catholic Dutch writer Willem Jan Otten likes to flirt with the unsightliness of his and my parish church, and with the insignificance of the liturgical play there ('a piece of bumbling theatre').[75] The mystery that is enclosed in ritual comes even more to the fore. Mystery, holiness

73. According, recently and explicitly to: H. Geybels, "Algemeen menselijk of eigen christelijk? Rituelen en de identiteit van religies," in *Tijdschrift voor Theologie* 41 (2001) 221-230.

74. I repeatedly resist playing *anabasis* against *katabasis* in liturgy and liturgical studies: cf. Post, "Levensrituelen" (n. 5); cf. recently balanced: A. Grillo, "La 'visione antropologica' dei sacramenti e la teologia. Ovvero, come fanno dei ciechi a identificare la 'verità' di un elefante," in *Ecclesia Orans* 20 (2003) 253-270.

75. W.J. Otten, *De bedoeling van verbeelding. Zomerdagboek* (Amsterdam, 2003), among others 20. While festive Christians in cluster A and seekers in the clusters B and C seem in fact to select based on offered ritual quality. The modern ritual-liturgical participant is very critical of quality of execution and content. Cf. in particular: Stark, *Kerkgangers*, 110.

and sacrament are in this reaction to liturgical apologetics, often recurring terms.

I will not elaborate on this point of anthropological setting, instead only briefly addressing the related cultural setting. The fundamental attitude presented here can in the end be typified as a certain way of linking liturgy and culture.

In the first place, no distance is taken from current culture as is the case in traditional circles where a necessary 'reform of the reform' is brandished, which indicates that the liturgical reform movement in the 20th century, which in fact was defined by the fatal culture of modernity, disturbed the traditional ritual sacral order. It is in my opinion of great importance here to recognise how culture-theological programmes such as that of Ratzinger harmonize with programmes of devotions of Padre Pio and certain Marian cults:[76] generally speaking, current culture is imbued with modernity, it forms a threat, is a poor climate for the divine order and the sacred liturgy. Based on this, a strongly negative view of culture is created that can result in a shunning, in a fixation on ecclesiastical core liturgy as a time- and context-less 'exclusive' liturgy. In connection with this, the medieval liturgy or the Eastern Orthodox liturgies are idealised as mystery full liturgy, unadulterated by the perverted culture of modernity. Here inculturation is in many aspects de-culturalisation, a shielding from the evil outside world of modernity, or restoration.[77] People come into action or ignore the programme of Vatican II, they want to turn the priest around again (since Ratzinger, the discussion on orientation is suddenly topical again), people want the altar in a splendour of candles, high in the protected presbytery (as the litur-

76. As aptly sketched in context by S. Zimdars-Swartz, *Encountering Mary: From La Salette to Medjugorje* (Princeton, NJ, 1991), particularly 245ss. Cf. also the fine article by: P. Malloy, "The Re-Emergence of Popular Religion among Non-Hispanic American Catholics," in *Worship* 72 (1998) 2-25.

77. For this broad movement of 'Reform of the reform' (Ratzinger talks of a new [second] phase of liturgy reform) that encompasses a bandwidth of contesting traditionalistic groups to the forming of so-called 'cosmic theology' (an important marking point for the movement was an international conference at Oxford in 1996 with the so-called Oxford Declaration on Liturgy) see among others: A. Nichols, *Looking at the Liturgy. A Critical View of Its Contemporary Form* (San Francisco, CA, 1996); S. Caldecott (ed.), *Beyond the Prosaic. Renewing the Liturgy Movement* (Edinburgh, 1998); D. Torevell, *Losing the Sacred. Ritual, Modernity and Liturgical Reform* (Edinburgh, 2000); M. Fox, *The Coming of the Cosmic Christ: The Healing of Mother Earth and the Birth of a Global Renaissance* (San Francisco, CA, 1988). An accurate critical positioning is provided by: R. Weakland, "The Liturgy as Battlefield," in *Commonweal* (New York) 11.1.2002 = "The Right Road for the Liturgy," in *The Tablet* (London) 2.2.2003, 10-13 = "Liturgie zwischen Erneuerung und Restauration," in *Heiliger Dienst* 56 (2002) 83-93 = *Stimmen der Zeit* 127 (2002) 475-487.

gical centre is once again called), they want the reintroduction of Latin as the basic language of the liturgy, and they cherish Gregorian chant as an irreplaceable tradition.

In relation to these diverse fundamental attitudes, my interest here is based on the general line of reasoning. Does our panorama, the proposed inculturation concept with strong, open, multiform and interfering liturgy model (with multiple configurations, see above), do our circles not seek a change in our liturgical and liturgical studies fundamental viewpoint? First of all there is the step not to see Christian ecclesiastical core liturgy as isolated, to get the circles B and C into the picture, and then there is the step to overcome every partiality in perspective: this concerns the dynamics of the double movement, of to and from. An important fundamental attitude for liturgical policy makers and liturgists now is to turn the matter around: not to look at the society and its rites and devotions from within the core liturgy, but also the other way around: from broad ritual milieu to church and liturgy. Then our inculturation and participation perspective comes to the fore.

4. Conclusion

In conclusion, we return to our panorama. Eventually with this sort of exploration of repertoires and paths of inculturation and participation, the question of diagnosis and evaluation arises. How do we value our panorama in the end? Do we place the emphasis on dynamics and profusion? Or does the searching and uncertain groping indicate impotence and unease? I would like to postpone a final judgement. I would like to argue for a further exploration of this ritual-liturgical milieu in relation to inculturation repertoires, and an even further developed re-evaluation of our liturgical studies central concepts and our fundamental attitude. I would however like to make one more observation.

This observation concerns the remarkable popularity in our panorama of at least one basal ritual form of expression: silence, maintaining silence. This has caused me to reflect recently. This ritual basis form of silence is broadly evident in our culture. Silence is much sought and desired. There is a real silence culture. Silent processions are part of a broad whole of silence ritual, the '*stilte-atlas*' as our guide, there are silence compartments in trains, there is an impressive network of hundreds of places of silence, the state designates silence areas where silence has a legal status, abbeys are sometimes fully booked for months, hurried managers play recordings of Gregorian chant by the monks of

San Domingo de Silos as modulated silence, and as we have seen, many new ritual-liturgical configurations have silence as a structural element.

Based on this description, our question can be recaptured: how should we see this popularity? Is it an admission of weakness; is the return to this basal ritual form of expression that is silence the result of ritual-liturgical deficiency, of impotence and unease? Or is this form being chosen because it is a powerful anthropological archetype through which ritual and liturgy are once again imbued with ancient ritual religious patterns, silence perhaps as the ultimate form of liturgical inculturation, as *the* way to active participation...? Sometimes inclined to one side, sometimes to the other...

I will close here with a poem. I have already referred to the neo-catholic Willem Jan Otten. I was at that point critical of my fellow townsman. I do however also appreciate him, as a poet in particular. In his poetry he presents the yearning for and the presence of God in very profane images and settings.

The following poem from 1998 is about silence, participation and the presence of God:

Ik heb mij nu zo luid tot u gericht
dat uw zwijgen is gaan klinken
naar de stilte in een bladstil bos
nadat er 's nachts uit een tent
een kind geroepen heeft en het was
het mijne niet. Ik twijfel niet
aan uw bestaan zo lang u tot mij
zwijgt. Het is aan mij, u laat mij vrij
om uit uw echoënde stilte op te staan.

(Eindaugustuswind 3, from W.J. Otten, *Eindaugustuswind*,
Amsterdam, 1998, p. 48)

(I have turned to you now with such volume / that your silence sounds like the silence in a / wind-still forest after a child has called from a tent at night / and it was not mine. I do not doubt / your existence as long as you / remain silent to me. It is up to me; you leave me free / to stand up out of your resounding silence.)

Anna Paulownalaan 5   Paul POST
NL-1412 AK NAARDEN

UNE RÉFLEXION SPIRITUELLE ET MYSTAGOGIQUE RENOUVELÉE SUR LA PARTICIPATION ACTIVE

1. L'*actuosa participatio* commence dans le temple du corps humain[*]

En la fête de l'Exaltation de la Sainte Croix, au cours du 5ᵉ siècle, une jeune femme se rendait vers l'église de la Résurrection à Jérusalem, au milieu d'une grande foule de personnes. Dans cette multitude, elle était peut-être la seule qui ne savait pas au juste où elle se rendait. Tous se hâtaient vers l'église pour assister à la cérémonie de l'Exaltation de la Sainte Croix et pour laisser descendre sur eux la bénédiction du bois de la croix sur lequel le Christ avait expiré. Durant cette cérémonie la Croix descendait dans les mains du patriarche tout d'abord solennellement sur le sol, pour ensuite s'élever aussi haut que possible, tandis que la foule chantait une centaine de fois «Kyrie eleison». Ce rite était répété cinq fois, une fois vers chaque point cardinal, et deux fois vers l'Orient. De cette façon tout le Cosmos était comme placé sous le signe de la croix, crucifié et béni en même temps. Les personnes se dépêchaient pour y être présentes, animées du même désir, peut-on dire, avec lequel les Israélites fixèrent jadis leur regard vers le bâton de Moïse où était cloué le serpent d'airain: ainsi ils seraient guéris des morsures des serpents du désert.

Mais tout cela n'avait pas d'importance pour la jeune femme, du moins pas consciemment. Elle s'était mêlée à la foule parce qu'elle avait compris qu'un événement allait se produire au cours duquel elle rencontrerait beaucoup de personnes – des *hommes*. Marie, ainsi se nommait-elle, était en effet une femme de mœurs légères, originaire d'Égypte, et comme elle le raconta elle-même, 47 ans plus tard, au désert au sage moine Zosime, son plus grand désir était «qu'elle attirerait beaucoup de personnes qui sauraient satisfaire aux besoins de sa volupté»[1]. Poussée par ce désir, elle se rendit dans l'église, et pénétra

---

[*] Ma reconnaissance va à mes confrères Benoît Ashida et Cyrille Vael pour leurs conseils durant la rédaction de cet article. Traduction du néerlandais: G. Michiels, osb.
1. Patriarche SOPHRONE, *Leven van de H. Maria de Egyptische*, travaillé d'après la traduction néerlandaise de ROSWEIJDE, *Vadersboeck* (1617) dans *Triadon*, Deel 3 b, La Haye, Nederlands Orthodox Klooster Sint Jan de Doper, 1982, p. 283. – Sur *Sainte Marie*

avec la foule dans le narthex ou vestibule d'entrée. Alors que le moment approcha de l'Exaltation de la sainte Croix, elle s'avança avec tous les présents pour pénétrer dans l'enceinte proprement dite de l'église, mais elle fut tellement bousculée qu'au lieu de se trouver près de l'entrée, elle fut déportée à la porte extérieure, parmi ceux qui venaient à peine d'arriver. Avec eux elle s'avança à nouveau, mais alors qu'ils pénétrèrent sans difficulté dans l'église, elle en fut retenue par l'une ou l'autre force incompréhensible. Elle fut à nouveau rejetée en arrière et se retrouva une nouvelle fois en dehors dans le narthex. Cela se répéta encore un certain nombre de fois, mais tous ses efforts restèrent vains. C'est comme si toute une troupe de soldats était mobilisée pour l'empêcher d'entrer.

Quand elle fut totalement épuisée par ses furieuses tentatives et les blessures encourues, elle alla se reposer dans un coin tranquille du narthex. Là, comme elle l'a elle-même raconté, ses pensées furent saisies par l'idée de la sanctification, et les yeux de son cœur en furent éclairés. Elle comprit tout à coup que ses propres actions lui interdisaient l'entrée. Prise d'un profond désarroi, elle se mit à pleurer. Alors qu'elle pleurait ainsi, son regard se porta sur une icône de la Mère de Dieu, accrochée haut au mur. Et fixant son regard vers elle sans faire attention autour d'elle, elle confessa ce qu'elle venait de comprendre. Son cœur déborda de prière et elle adressa son désespoir à l'icône de la Mère de Dieu. Bien qu'elle s'en éprouva indigne, elle demanda à la Mère de Dieu de commander que la porte s'ouvre aussi pour elle, afin qu'elle puisse vénérer la Croix de son Fils. En échange, elle promit qu'immédiatement après la vénération de la Croix, elle renoncerait au monde, à toutes ses œuvres et à tout ce qui y était compris, et qu'elle irait immédiatement là où la Mère de Dieu l'enverrait.

Alors qu'elle parlait ainsi, elle sentit son cœur s'enflammer par le feu de la foi, et remplie de confiance en la miséricorde de la Mère de Dieu, elle se mêla à nouveau à la foule et cette fois plus rien ne l'en empêcha de pénétrer dans l'église. Elle était bouleversée d'admiration et frémit de tout son corps quand elle franchit l'entrée qui jusqu'alors lui était restée interdite. Quand elle se trouva finalement dans l'église, elle tomba prosternée, selon ses propres paroles, «devant le mystère du vénérable et vivifiant Bois de la Croix». Après avoir de cette manière «contemplé les mystères cachés de Dieu» et d'avoir été témoin de Sa force et de Sa miséricorde, elle se dépêcha à nouveau vers l'icône de la Mère de Dieu pour accomplir sa promesse. Sous sa conduite, elle se rendit, courant et

---

Égyptienne (fêtée le 2 avril), voir *Vies des saints et des bienheureux*, IV, Paris, 1946, p. 30-36.

pleurant en même temps, au désert au-delà du Jourdain, au lieu où, selon une voix qui lui avait parlé, elle trouverait un salutaire repos.

Mais quel rapport ce récit a-t-il avec notre sujet – l'*actuosa participatio*? En premier lieu cela peut certes nous étonner dans quelle mesure la participation – plus précisément la dialectique entre le non-pouvoir-participer et la participation quand même finale de Marie à la cérémonie de l'Exaltation de la croix – s'est avérée spirituellement fructueuse. Mais, vous direz vraisemblablement: d'une manière strictement liturgique, elle n'a point *participé* au service religieux. Les «grâces abondantes» (SC 21) qu'elle a acquises ne proviennent donc pas de l'action liturgique et de sa participation à celle-ci, mais elle est d'un autre ordre qui n'est pas intéressant pour le liturgiste. Il n'en va pas ici de la liturgie et d'une participation active – plus fort: une participation consciente – du croyant, mais d'une personne qui par hasard pénètre dans une église et dont la vie est radicalement changée par des éléments qui se situent en marge de la célébration liturgique: le bâtiment d'église, le rite qui se déroule mais qui est caché à ses yeux, les gens qui affluent à l'intérieur de l'église, l'icône qui est fixée haut au mur... Finalement Marie ne va à l'église que pour vénérer la croix: visiblement sa véritable 'participation active' ne consiste que dans le baisement d'une relique, après quoi elle se dépêche vers – *pour elle* – l'icône merveilleuse du narthex. Son expérience personnelle est purement individuelle et d'aucune manière ne concerne les normes habituelles d'attente d'une célébration liturgique.

La question qui s'impose ici à nous cependant est la suivante: où se situent les frontières de la célébration liturgique? Où commence la liturgie, et où se termine-t-elle? Quelles sont les «grâces abondantes» qui proviennent de la liturgie et que penser des «grâces abondantes» qu'un homme «reçoit» en se situant seulement en marge de l'espace et de temps qui sont créés par une célébration liturgique? Devrions-nous pas, dans cet ordre d'idées, nous demander à quoi Marie en fait et essentiellement à *bien* participé au lieu de constater à quoi elle *n'a pas* participé? Au vieux moine Zosime elle décrit sa propre action comme le prosternement devant «le mystère du vénérable et salutaire bois de la Croix» au cours duquel elle a contemplé les «mystères cachés de Dieu». Nous ignorons combien de temps elle est restée à l'église, ce qu'elle a perçu en fait, quels chants et prières elle a entendus. Nous connaissons seulement son comportement lors de son *entrée* dans l'espace de l'église proprement dite, d'autant plus que le contraste était si grand avec ses intentions lors de sa marche vers l'église. On pourrait dire que Marie se rendait «dans l'exacte attitude d'esprit envers la liturgie» et qu'en conséquence l'«efficacité» de la liturgie était ici pleinement présente (SC 11).

D'ailleurs, peu de «croyants ordinaires» auront la conscience lors de la vénération de la croix de vénérer le *mystère même de la Croix*. Cela ne va-t-il pas déjà dans la direction de la «participation pleine, consciente et active des fidèles à la célébration liturgique» (SC 14) vers laquelle Vatican II voulait tendre?

Il peut paraître que j'essaie de détourner l'attention de la problématique réelle quant à la participation active des fidèles à la liturgie. Il s'agit en fait finalement de l'*animation* des célébrations liturgiques, pour les rendre intéressantes et attractives pour les croyants de diverses catégories, pour convaincre les pratiquants 'de vraiment participer' car c'est *leur célébration* et non pas seulement celle du président de l'assemblée. Ceci n'est certes seulement considéré qu'à partir de ce président...

Pour sortir d'une certaine impasse – pour autant au moins que nous soyons d'accord de nous trouver dans un impasse – je crois qu'on doit oser une fois renverser les perspectives et considérer les choses à partir de cette personne qui se rend à l'église. Non pas l'homme que nous attendons – l'*'homo Vaticani secundi'* – pour qui nous avons un programme d'éducation liturgique tout prêt, mais l'homme actuel 'ordinaire' qui entre par hasard ou non dans une église. En premier lieu il n'est pas si important qu'une célébration ait véritablement lieu. Nous devons essayer de retourner à ce seul point où commence «la marche vers l'église», de la personne qui met un pas en avant, plus ou moins conscient, avec ou sans des attentes claires. C'est en effet le premier moment où une véritable participation peut apparaître. Aussi longtemps que nous n'avons d'yeux que pour *un agir actif* des fidèles dans l'église, et de préférence encore uniquement durant l'eucharistie, nous ne serons pas en état de comprendre dans quelle mesure l'*actuosa participatio* elle-même est un mystère, et surgit du plus profond de la religiosité humaine. La liturgie n'est-elle pas par définition une *participation réciproque*, une *synergie* entre Dieu et l'homme? Dans ce sens toute liturgie est d'ailleurs aussi eucharistique et la participation active des croyants durant l'eucharistie n'est pas d'un ordre différent que dans les autres sacrements et l'office. La *plena, conscia et actuosa participatio* au mystère et donc dans la célébration du mystère est un aspect essentiel de l'appel de chaque chrétien (cf. SC 14). Cela signifie aussi qu'elle ne peut avoir aucune réelle consistance si elle n'est pas ancrée en premier lieu dans l'intérieur de l'homme, dans le temple de Dieu qu'il est lui-même, le lieu où Dieu habite parmi les hommes et où tout homme est liturge et exerce son propre sacerdoce[2].

Que cherche l'homme dans l'église? Qu'est ce qui fait que certaines personnes entrent parfois en passant dans une église et s'y assoient un moment? Pourquoi beaucoup de personnes en passant devant une église essaient de voir si la porte est entrouverte? Pourquoi beaucoup de gens circulent-ils fréquemment dans une église, sans nécessairement rechercher des œuvres d'art? Qu'est ce qui a poussé Marie l'égyptienne à *entrer* absolument dans l'église? De nombreux projets sont en un tel moment postposés, le temporel semble un instant reposer dans les mains de l'intemporel, l'une réalité est un moment reprise ou assumée par une autre réalité, on abandonne momentanément quelque chose pour faire place à une autre. La présence dans l'église et même la tentative d'ouvrir la porte paraissent répondre à une sorte de faim que jusqu'alors nous n'avions pas ressentie. Cette faim peut nous rendre brusquement conscient d'une certaine dimension de notre nature, de quelque chose d'intime qui est à la recherche de ce qui nous entoure, vers nos véritables limites. Ici se situe le respect pour le Mystère et la forte d'attraction pour le sacré qui est propre à l'homme. Ici nos questions au sujet de la vie et de la mort touchent au mystère de notre propre vie. Ici nous ressentons que notre intellect ne peut résoudre ces questions qu'à son propre niveau. Pour l'homme croyant il en va ici en même temps et finalement pour le mystère de Dieu auquel nous pouvons communier d'une manière particulière dans la liturgie.

Sous divers aspects la liturgie chrétienne est héritière du culte judaïque. Cela vaut en grande partie pour son espace sacré, le bâtiment d'église, qui s'est développé au cours des siècles en un habitat de symbolisme et de ritualisme. De même que le Temple de Jérusalem, comme successeur de la Tente de Rencontre dans le désert, le bâtiment d'église est aussi un lieu de rencontre avec le sacré, avec Dieu. Dans l'architecture ecclésiale traditionnelle catholique et orthodoxe, caractérisée par un espace manifestement séparé pour l'autel ou le sanctuaire, cette fonction rituelle du bâtiment d'église est le plus clairement manifeste et sensible. Cet espace même exerce aussi souvent une force d'attraction sur l'homme en qui la soif du sacré se manifeste. D'une manière stricte il n'est pas encore question d'une célébration liturgique et d'une participation à celle-ci, mais bien à un début d'une rencontre qui secoue l'homme dans le plus profond de son être. Le mystère de

---

2. Cf. Th. POTT, *La réforme liturgique byzantine. Étude du phénomène de l'évolution non-spontanée de la liturgie byzantine* (Bibliotheca Ephemerides Liturgicae. Subsidia, 104), Rome, 2000, p. 75.

l'*actuosa participatio*, de la faculté humaine de participer d'une manière complète, consciente et active au sacré trouve ici un sol fécond et peut croître. Dans notre église byzantine de Chevetogne, ornée de nombreuses fresques qui représentent l'histoire du salut et la communauté des saints, avait pris place il y a quelques années, une jeune femme, avec une coiffure punk et une série de piercings. Elle était restée assise durant la majeure partie des vêpres, dont elle n'avait sans doute pas compris grande chose, étant donné qu'elle n'était pas familiarisée avec la langue slave ou le rite byzantin. Quand la foule avait quitté l'église après les vêpres, et qu'un moine allait fermer les portes, elle resta à sa place. Après un bref instant le portier se dirigea vers elle pour lui faire comprendre poliment que l'église allait être fermée. Mais avant qu'il ne puisse lui dire quelque chose, elle le regarda et lui dit: «J'ai compris subitement que tout cela me concernait».

2. L'*actuosa participatio* dans la liturgie suppose une initiation mystagogique des fidèles.

Nous devons maintenant franchir un nouveau pas et nous demander comment de cette «participation active silencieuse» dans l'église nous pouvons arriver à une *actuosa participatio* dans le cadre plus strict de la célébration liturgique. Une première question qui se pose à ce propos: pourquoi beaucoup de personnes ne s'approchent-elles pas de l'autel et de l'officiant quand débute un office mais restent de préférence au fond de l'église, à la distance la plus grande possible du sanctuaire? Est-ce une manière de faire comprendre qu'on ne ressent d'aucune manière le besoin de 'participer d'une manière active', de pouvoir 's'échapper' d'une manière discrète, de ne pas vouloir être 'dérangé' dans son expérience intérieure? Vraisemblablement différents facteurs entrent en jeu. D'une manière positive c'est peut-être une tentative pour préserver la rencontre avec le sacré qu'on rencontre en soi avant l'imminence d'un service d'église qui au lieu de rendre cette rencontre plus intense, au contraire la détruit totalement avec quelques coups durs, par le manque de tout sentiment pour le sacré. D'une manière négative on peut cependant observer que la disparition ou l'absence de toute culture liturgique parmi les hommes et même parmi les fidèles et ses pasteurs est si manifeste, qu'il est très difficile de constituer une communauté liturgique. D'un côté on doit donc encourager les gens à approfondir leur chemin personnel dans la foi et la liturgie, et d'écouter la voix de leur cœur; mais d'autre part on ne peut pas oublier que la liturgie est sociale par définition, et l'on doit apprendre aux fidèles qu'elle n'est pas opposée à ce qu'ils vivent dans leur cœur mais qu'elle a là sa place et même d'une certaine manière sa source.

Cela n'a pas de sens de vouloir adapter la liturgie aux fidèles si les fidèles ne sont pas adaptés à la liturgie. Au contraire en adaptant les textes et les rites à un peuple chrétien non-initié, avec l'intention que le sacré qui y est exprimé puisse être saisi aussi facilement que possible par celui-ci, on peut peut-être obtenir une assemblée communautaire plus active (cf. SC 21) mais au dépens d'autres dimensions essentielles de la liturgie dont il est fait abstraction. L'initiation liturgique ne peut pas consister seulement ou en premier lieu en l'explication des rites et des symboles, mais doit se situer à divers niveaux. Il n'en va pas ici de l'organisation de sessions catéchétiques en une petit local du presbytère mais dans l'acquisition d'une culture liturgique. Traditionnellement cela se passait par la transmission de la foi de génération en génération.

2.1. Trois différents niveaux

Lors de la transmission de cette liturgie on peut aisément distinguer trois niveaux différents. Ces trois niveaux se complètent et l'on doit toujours les tenir devant l'esprit quand on veut traiter d'une manière structurelle avec la liturgie ou quand on s'efforce de procéder à des adaptations. Le point de départ est la conscience de ce qu'est essentiellement la liturgie chrétienne, le *Sacerdoce suprême de Jésus-Christ*, Fils de Dieu, dans lequel il est lui-même le sacrifice pour le rachat des hommes. C'est l'unique sacrifice qui est agréé et acceptable pour Dieu, le noyau de nos célébrations liturgiques, et la seule véritable liturgie chrétienne où le ciel et la terre se rencontrent. En second lieu, la liturgie chrétienne est *l'offrande de nous-même* au Père, dans le sacrifice du Christ. C'est notre participation active à la liturgie la plus propre et personnelle, le plein exercice de notre sacerdoce. Elle ne consiste pas tellement en l'assistance dominicale à la messe, et encore moins en la proclamation d'une lecture, le chant d'un cantique ou la récitation d'une prière, mais dans le portement de notre croix, à la suite du Christ dans sa Mort et sa Résurrection. La liturgie chrétienne est vivre en Christ avant qu'il ne soit question d'un ensemble de textes et de rites. Les *textes et les rites* ont certes aussi leur importance, car ils constituent la forme dans laquelle – à l'intérieur de la communauté ecclésiale – à l'intérieur du Corps mystique du Christ – nous avons reçu la foi, nous célébrons ce que nous sommes et, d'une manière mystique, participons toujours à nouveau à la mort et à la résurrection du Christ. En ce sens notre 'liturgie terrestre' est aussi une offrande à Dieu, mais seulement dans la mesure où elle est la célébration et la participation au sacrifice du Christ.

À partir de ce point de départ – la conscience de ce qu'est véritablement notre liturgie chrétienne – il apparaît clairement que l'initiation liturgique est effectivement une mystagogie avec différentes dimensions.

Les trois niveaux que je voudrais distinguer dans cette initiation sont les suivants: en *premier lieu* l'intériorisation du mystère du Christ chez les fidèles, la prise de conscience que ce n'est pas nous qui vivons, mais que c'est le Christ qui vit en nous (Gal 2,20) et que chacun d'entre nous est 'temple de Dieu' (1 Cor 3,16). Chaque chrétien est donc un porteur réel et authentique du mystère du Christ, et le fait de s'en rendre personnellement conscient est le premier pas vers la restauration de la liturgie chrétienne comme un culte en esprit et en vérité (Jean 4,23)[3].

Le *deuxième niveau* se situe très près du premier. Mais alors que le premier niveau se place surtout à l'intérieur de la conscience de la personne, le deuxième niveau en est la manifestation et se porte sur la forme ecclésiale et sociale «d'être le Temple de Dieu». Il en va ici de la prise de conscience à l'intérieur de la personne, que le mystère dont il est le porteur, repose sur une expression ecclésiale qui à son tour s'incarne dans sa propre existence. La liturgie est ici reçue à l'intérieur de la vie de la personne comme un don, mais aussi comme une mission. En fait il en va ainsi davantage d'un accommodement de la personne à la liturgie plutôt que du contraire.

Le *troisième niveau* est la prise de conscience que l'accroissement de la liturgie, son adaptation aux besoins du temps et de l'homme repose en nos mains. Cela n'a rien de déshonorant, au contraire. Notre vocation consiste à faire croître ensemble 'les signes qui expriment le sacré' (cf. SC 21) avec le développement de l'homme, de les faire convenir à nous même et à notre temps. Mais ces adaptations n'ont de sens que quand elles accompagnent une réforme liturgique de notre homme intérieur.

Cet exposé quelque peu théorique n'a pas pour but de fournir une méthode systématique qui présente un accès infaillible au monde de la liturgie, mais veut faire comprendre que le liturgie *y est,* qu'elle est une 'réalité présente' qui ne peut être déterminée ou imposée – ni 'd'en haut' – à partir de l'autel, à partir de la hiérarchie – ni 'd'en bas' – à partir des fidèles ou à partir de la personne qui par hasard entre dans l'église. La liturgie, dans laquelle l'homme est déjà invité dans sa temporalité à participer au repas que le Seigneur partage avec ses disciples quand il est entré dans son Royaume (Mt 26,29) est comme une icône qui non seulement évoque mais rend présente une réalité. Car comme chaque

---

3. Cf. Th. Pott, *Liturgische hervorming. Gedachten over haar object en subject,* dans *Benedictijns Tijdschrift* 62 (2001) 169.

symbole l'icône *renvoie* non seulement à une réalité mais elle *en fait en partie* et contribue à en faire partie. Mais la fréquentation avec un symbole exige une initiation, une appropriation du langage et de la nature du symbole, ce qui va plus profondément qu'un simple concept intellectuel. L'initiation profonde qui est exigée par la liturgie va donc plus loin que ce qu'une seule *explication* pourrait jamais obtenir. Initiation signifie ascèse, une ascèse personnellement vécue qui à travers la vie propre dirige vers le côté intérieur de la réalité. Une forme imposée ou animée d'ascèse ne pourra jamais obtenir cela, car elle provient de l'extérieur et se substitue au chemin personnel et à l'expérience.

2.2. La place de la participation active

Quelle est la place de l'*actuosa participatio* dans cet ensemble? Elle est une dimension essentielle et irremplaçable de la liturgie, de notre 'être liturgie' et de notre 'être dans la liturgie'. Mais à chaque niveau de cet 'être', du plus profond intérieur jusqu'au plus extérieur, elle possède ses propres caractéristiques. Ces caractères se trouvent organiquement en rapport entre eux; une participation active à l'intérieur du cadre de la célébration liturgique – p.ex. l'«action» des prières des fidèles – qui n'est point établie sur notre sacerdoce personnel est peut être 'véritablement active' mais elle n'est pas pour autant une 'véritable participation'; inversement, la communion avec le Seigneur à l'autel de notre cœur qui ne va jamais à la rencontre de la communion à l'autel de la communauté est comme un dîner qui ne va pas plus loin que le plat d'entrée.

2.3. L'actuosa participatio *n'est pas de l'ordre du faire mais de l'être*

Nous devons encore aller de l'avant et rechercher ce que l'*actuosa participatio* des fidèles peut maintenant exactement représenter dans le cadre rituel de la liturgie, quand on prend en considération tout ce qui précède. Une première question qui se pose est la suivante: pourquoi parle-t-on en fait de participation 'active', existe-t-il aussi une participation 'passive'? Participer n'est-il pas par définition quelque chose d'actif, de sorte que la véritable opposition consiste en participer et '*non* participer'?

Il peut être éclairant de comparer la participation à un bain. Passivité et activité se remplissent mutuellement et sont en fait deux facettes d'une même manière d'être, d'une manière de vivre le temps et l'espace. Avant de prendre son bain, il faut prendre du temps, prévoir un certain temps, autrement 'cela n'a pas de sens': si l'on est pressé on ne peut jouir d'un bain, on en aura aucune satisfaction. Prendre un bain signifie en effet d'une certaine façon «être pris par le bain»: on se laisse prendre, on se laisse envahir par l'eau chaude, par les vapeurs et on permet aux huiles et aromates odoriférantes de pénétrer dans le corps et l'âme. Cette activité, cette *permission*, est hautement passive: ce n'est qu'en s'y livrant véritablement, que le bain peut produire son effet thérapeutique. Mais cette passivité est en même temps aussi véritablement active: l'autorisation elle-même n'est pas seulement une décision de se livrer, mais comprend également qu'on veut suivre avec attention ce qui arrive avec son corps, pour pouvoir suivre les forces qui opèrent à l'intérieur et éventuellement même les guider – on y reste conscient. Aussi bien l''autorisation' que l''être présent' ne se produisent cependant pas tellement avec la tête, mais chaque sens remplit ici sa propre fonction.

La participation à la liturgie peut se comparer à prendre un bain. On se laisse envahir et l'on assume, on laisse faire et l'on fait faire. L'homme occidental est cependant habitué à tout diriger et à tout saisir avec sa tête. Mais dans la liturgie cela ne va pas ainsi: l'encens n'est pas en premier lieu pour l'intellect mais pour l'odorat et la vue; cierges, couleurs et formes ne servent pas en premier lieu pour être expliquées mais pour nous toucher avec leur propre richesse élémentaire là où précisément l'*explication* n'a pas d'entrée totale. Naturellement on peut examiner et approfondir la richesse symbolique de l'encens, des cierges, des fleurs, etc. … et tenter de les comprendre. Cela est même nécessaire et constitue une partie essentielle de l'initiation liturgique car ces symboles se situent en fonction du mystère de Dieu et de l'homme. Mais finalement ces symboles doivent être assumés et vécus, et cela n'est seulement possible que quand ils ont été assumés. L'explication d'un symbole durant la liturgie est aussi déplacée que la lecture d'un livre de cuisine durant un banquet.

De plus un symbole introduit et commenté par une explication signifie en première instance davantage un appauvrissement qu'un enrichissement. La sagesse et la liberté que présente le symbole – à des hommes de générations et de cultures diverses – sont en effet réduits à ce moment au concept d'un instant, d'une personne, d'une certaine idée théologique, philosophique ou anthropologique. Le fait que les fidèles doivent assimiler les symboles n'empêche pas que ces symboles leur appartiennent déjà avant l'assimilation. Il en va ici d'un processus de croissance progressif qui prend place à travers le contact vécu avec le symbole. À cause de cela on ne peut donc pas modifier inconsidérément les symboles, les réduire à un aspect déterminé, ou les instrumentaliser comme des «symboles de circonstance». Les symboles sont en effet le langage sur lequel notre communion commune avec le mystère, avec le divin est fondée. Les symboles sont précisément ce qui ne peut jamais

devenir clérical, dans le sens d'instruments pastoraux aux mains du
«président de l'assemblée».

Il en va de même pour les textes liturgiques. La compréhension de ce
qui est lu, prié et chanté, est une partie importante de la participation à la
liturgie. Mais on ne peut s'arrêter à cette compréhension, comme si, en
fait, le prêtre, le «président» ou l'animateur pourraient à tout moment les
modifier ou les remplacer par de nouveaux. Les textes liturgiques sont
notre vocabulaire commun avec lequel nous nous adressons à Dieu et ce
qui précisément nous met en état de participer pleinement à notre
offrande communautaire. L'effet de surprise de textes nouveaux, de
symboles inédits, d'autres règlements et d'idées originales ne contribuent
pas à une participation plus élevée des fidèles mais plutôt à un
dépaysement plus accentué du sacré dans la liturgie. Car bien que la
dimension horizontale de la liturgie est déjà elle-même une *icône* de la
dimension verticale – la communauté est le corps du Christ – elle doit à
chaque moment puiser sa consistance dans cette dimension verticale.

Que l'on pêche régulièrement contre ces principes provient, à mon
avis, de ce que souvent on ne comprend pas que la participation à la
liturgie, l'*être* dans la liturgie n'est pas seulement et nullement en
premier lieu rendu possible par la faculté humaine de l'intellect, mais par
le corps tout entier et tous les sens. Ici une mentalité liturgique
occidentale pourrait peut-être redécouvrir quelque chose dans les liturgies
orientales. La différence entre l'Orient et l'Occident dans l'approche du
sacré se manifeste clairement dans l'expression «de signes visibles de
grâces invisibles» qui en Occident s'appellent *sacrements* et en Orient
mysterion. Les deux dénominations ont le même but, mais témoignent
d'une sensibilité différente, d'une autre culture, d'un autre
développement historique. Tandis que dans le mot «sacrement» l'accent
est placé sur la réalisation du signe, le mot «mysterion» renvoie plutôt
aux réalités cachées auxquelles le signe fait participer. Les deux aspects
sont importants et se complètent dans un certain sens dans la description
de cette participation effective au mystère de la Rédemption dans la
liturgie de l'Église. Que la liturgie cependant s'élève au dessus des
frontières du temps et de l'espace, au dessus du ici et du maintenant,
qu'elle nous fait participer à la liturgie céleste et à la louange céleste du
Trois fois Saint, qu'elle nous fait nous reposer dans notre temporalité sur
le mystique «huitième jour», est facilement considéré par l'homme
occidental comme un héritage de temps historiques et non pas comme la
description en termes culturels de ce en quoi en fait nous participons.

Conclusion

Quand Marie l'Égyptienne eut rapporté le récit de sa vie d'ascèse dans le désert au moine vieillard Zosime, elle lui demanda de revenir l'année suivante au soir du Jeudi Saint et de lui apporter la communion «à l'heure où le Seigneur a rendu ses disciples participants à la Cène divine». Il devait l'attendre du côté habité du Jourdain. Quand l'année fut écoulée, il mit le Corps et le Sang du Seigneur dans un petit calice, et prit dans un panier quelques figues séchées, des dattes et des lentilles. Ainsi il arriva tardivement et se tint au bord du Jourdain, dans l'attente de l'arrivée de la sainte femme. Comme elle se faisait attendre, il se mit à penser qu'elle était peut-être partie, ne le trouvant pas, étant arrivée sans doute plus tôt. À cette pensée, il se mit à crier, et pria avec ferveur Dieu qu'Il lui permit de voir encore une fois cette sainte femme. Mais alors qu'il priait ainsi, une autre idée lui vint à l'esprit: «Que devra-t-elle faire quand elle arrive ici, comment peut-elle franchir le Jourdain, car il n'y a nulle part de bateau» et il se fit des reproches de n'y avoir pas songé plus tôt. Tandis qu'il raisonnait ainsi, la sainte femme se présenta du côté opposé du Jourdain. Et quand Zosime la vit, il se sentit plein de joie et loua Dieu. Il se mit à envisager les moyens de franchir la rivière. Mais alors il vit comment elle bénit les eaux avec le signe de la croix, car une pleine lune éclairait les ténèbres de la nuit. Immédiatement après le signe de la croix, elle marcha sur les eaux et l'élément liquide était comme un sol solide sous ses pieds. Plein d'admiration Zosime voulut plier les genoux, mais alors qu'elle courait sur les eaux, elle lui cria: «Abba, que faites-vous, vous êtes en effet le prêtre de Dieu qui portez les divins Mystères». Il lui obéit immédiatement, et quand elle sortit de l'eau, elle lui sollicita sa bénédiction, lui demanda de réciter la Confession de foi et ensuite le Commandement du Seigneur. Après le Notre Père la sainte femme présenta au vieux père le baiser de paix, comme il convient avant la communion. Alors elle reçut les dons vivifiants, elle étendit ses mains vers le ciel et cria avec larmes: «Laisse maintenant ta servante aller en paix selon ta parole, car mes yeux ont vu notre Sauveur» (Lc 2, 29).

Marie devait rappeler à l'ordre le vieux père pour qu'il n'oublie pas en ce moment quelles étaient exactement sa place et sa tâche. De plus il était tellement ébloui, qu'elle devait lui demander de réciter la confession de foi et le Notre Père. Manifestement la vie dans le sanctuaire de son corps durant les 48 ans dans le désert ne l'avait pas rendue étrangère à sa brève expérience liturgique à Jérusalem. Elle s'était familiarisée avec le rituel ecclésial: elle témoignait de pouvoir déterminer ce qui était à chaque moment à faire, ce qui était permis ou non pour quelqu'un qui *participe*, à sa place et de quelle manière. Sa *participation* aux sacrés mystères du

Corps et du Sang du Seigneur était l'apothéose de sa participation presque cinquantenaire au mystère de la Croix et de la Résurrection. Sa vie *était participation*, n'était en fait rien d'autre que la réception complète et non partagée de la grâce de Dieu et de sa vie en conséquence.

Vraisemblablement beaucoup de prêtres de paroisse ne souhaiteront pas de compter une Marie l'Égyptienne parmi leurs fidèles …! Mais si je l'ai prise comme modèle c'est que par l'entremise de sa vie la question de l'*actuoasa participatio* peut être éclairée d'une manière peu habituelle mais non moins importante, et parce que je crois qu'une intégration réciproque *vécue* entre la liturgie du cœur et la liturgie de la communauté est un bien spirituel auquel beaucoup de gens aspirent aujourd'hui.

Abbaye de Chevetogne   Thomas POTT
Rue du Monastère 65
B-5590 Chevetogne

LE CONCEPT DE PARTICIPATION EN SOCIOLOGIE
ET LES ATTENTES À L'ÉGARD DES PRATIQUES RITUELLES

La question de la participation et des attentes des fidèles à l'égard des pratiques rituelles va être abordée en deux temps. Tout d'abord, quelques éléments concernant le concept de participation en sociologie seront proposés à la réflexion, tout en étant situés dans la perspective des rites; le pourquoi de l'importance actuelle du concept et surtout de sa mise en œuvre, les problèmes générés par la participation et les atouts qu'elle permet de déployer composeront cette première partie. La seconde se focalisera sur la participation en référence aux rites; après une remarque portant sur le sens que prennent les rites dans la perspective de la participation, une évocation de recherches récentes permettra de cerner les attentes et de voir quelles caractéristiques associées aux rites dotent ceux-ci de sens aux yeux des fidèles. Le propos se terminera par une interrogation quant à la façon dont l'Église-institution peut tenir compte de ces attentes, tout en restant fidèle à sa mission.

1. La participation en sociologie

1.1. De l'importance actuelle de la participation

C'est dans les années soixante que ce terme a réellement fait son apparition dans le vocabulaire et dans l'idéologie de nos pays. Certes, il existait auparavant dans les dictionnaires mais dans un sens précis et limité; ainsi, le Larousse de 1992 définit encore la participation comme étant «le fait de recevoir une part d'un profit, de détenir une fraction du capital d'une société». Définition restrictive qui, se cantonnant dans la sphère économique et même uniquement financière, ignore ce que le terme tend à évoquer prioritairement aujourd'hui, à savoir une modalité d'organisation et de gestion de la vie collective ou de l'un ou l'autre de ses domaines (l'entreprise, l'école, la politique, la famille, …), modalité selon laquelle tout qui est concerné à l'un ou l'autre degré se voit reconnaître et/ou revendique un droit d'avis, de consultation, d'orientation, voire de décision.

La montée en force de ce sens attribué au concept de participation s'explique largement par la transformation radicale du mode considéré comme légitime de fonctionnement de la vie collective, qui (pour reprendre les termes de Luhmann[1]) de normatif devient cognitif. Lorsque la société fonctionnait selon le mode normatif, tout y était régulé par des normes et des règles élaborées par l'une ou l'autre autorité reconnue porteuse d'un pouvoir légitime (le père, le patron, le prêtre, ...) et chacun était supposé se conformer sans question ni discussion à ces règles et normes. Certes, il y avait des écarts mais les apparences les voilaient et ils engendraient généralement un sentiment de culpabilité, favorable au retour au respect de la norme. Depuis quelques décennies, le mode cognitif s'est progressivement substitué au mode normatif. Désormais, on accepte de moins en moins de voir sa vie balisée, de façon durable sinon permanente, par des règles et des normes dictées de l'extérieur et conçues comme indiscutables. Chacun est aujourd'hui appelé à ce que Giddens appelle «la réflexivité»[2] c'est-à-dire la remise en question permanente de ses visions et de son agir à la lumière des informations nouvelles reçues en provenance d'origines multiples; leur caractère plus ou moins fondé importe relativement peu: ce qui compte, c'est le doute et l'insécurité qu'elles font sans cesse surgir, signant ainsi la fin des certitudes antérieures.

Les causes de cette transformation sont diverses; sans viser à l'exhaustivité, on peut en pointer certaines, parmi sans doute les principales.

Le développement et la généralisation du savoir ont enlevé aux «notables» d'hier le monopole de celui-ci, à commencer par celui, élémentaire, du savoir lire, écrire et compter qui assurait à ceux-ci (curé, notaire, instituteur, ...) un pouvoir dépassant souvent leurs strictes compétences.

L'information, certes plus ou moins rigoureuse, diffusée par les médias donne aisément à chacun le sentiment d'être au courant de tout et dès lors en état de formuler des avis, des choix, des priorités. De plus, ces médias font constamment appel, d'une part, à des figures de références diffuses (chanteurs, acteurs, sportifs, ...) et, d'autre part, à leur propre public; convié à donner son avis aussi bien sur les poudres à laver et les yoghourts que sur la guerre, la politique, le chômage ou encore

---

1. Niklas LUHMANN, *Essays on Self-Reference*, New York, Columbia University, 1990.
2. Anthony GIDDENS, *Modernity and Self-Identity. Self and Society in the Late Modern Age*, Cambridge, Polity Press, 1991.

l'éducation, celui-ci se sent de plus en plus légitimé à être consulté à tout propos, à formuler son point de vue et à revendiquer le droit de choisir.

Ces deux aspects sont liés à l'apparition des régimes démocratiques qui dans nos pays ont succédé à des régimes autoritaires, où tout le pouvoir était concentré entre les mains de quelques uns, sinon d'un, qui décidai(en)t avec d'autant plus d'autonomie et d'autant moins de contrôle qu'il(s) s'arrogeai(en)t une mission sacrée. En renvoyant le pouvoir entre les mains de tous les citoyens, la démocratie a suscité chez chacun une sorte d'habitude à donner son avis (avec les diverses dérives que l'on connaît, notamment dans le champ politique).

On ne peut non plus passer sous silence le rôle du marché dans la montée d'un «réflexe» de participation: cherchant à connaître les attentes et les goûts de la clientèle, à repérer sans cesse de nouveaux «créneaux» et à créer des besoins d'autant plus illimités qu'ils échappent aux exigences vitales, le marché multiplie les recherches, sondages et démarches prospectives que sollicitent de façon de plus en plus agressive et intrusive l'avis du public.

Tout ceci n'aurait par ailleurs pas les effets que l'on peut constater – en particulier la montée d'une revendication à la participation – si l'on ne se trouvait pas dans un contexte marqué par l'individuation (et non l'individualisme qui n'en est qu'une dérive), c'est-à-dire par l'affirmation de l'individu comme lieu du sens et du projet. Préparée, comme le souligne Parsons[3], par la pensée grecque, le droit romain et le christianisme (qui promet le salut de l'âme individuelle), l'affirmation de l'individu n'a atteint sa plénitude que récemment, dès lors que celui-ci s'est vu dégagé de ses allégeances inconditionnelles et intemporelles à l'égard notamment de sa famille en dehors de laquelle il n'avait pas d'existence sociale et qui inscrivait son devenir (mariage, travail, …) dans son projet commun. Le passage d'une économie agraire, centrée précisément sur la famille qui est l'unité de production, à une économie industrielle qui recrute des individus, a largement contribué à cette affirmation mais il a fallu attendre l'amélioration des conditions de travail et la hausse du niveau de vie (qui est intervenue avec les «Trente Glorieuses») pour que cette affirmation prenne vraiment son ampleur et se concrétise dans une volonté de choix dans tous les domaines.

Parallèlement à cette montée de l'affirmation de l'individu, on assiste à une prise de distance à l'égard des institutions quelles qu'elles soient (et parfois à leur rejet). Celles-ci sont en effet souvent perçues comme limitant la liberté de l'individu en l'enfermant dans des normes, comme

---

3. Talcott PARSONS, *Le système des sociétés modernes*, Paris, Dunod, 1973.

cherchant à lui imposer des règles générales alors qu'il se conçoit comme un être unique, comme voulant décider pour lui alors qu'il veut choisir.

Enfin, un autre facteur contribue à faire prévaloir le mode cognitif sur le mode normatif: c'est le mouvement, le changement de plus en plus rapide et la complexité croissante de la vie d'aujourd'hui. Que l'on songe aux situations nouvelles nombreuses auxquelles on est désormais confronté. Ainsi, à une vie organisée selon des étapes plus ou moins rigides se succédant de façon stable (enfance et école; mariage et travail; retraite) ont fait place des séquences variables (on a des enfants avant de se marier), des anticipations («les prépensions») et des continuités sans fin (on doit étudier toute sa vie et «se recycler» sans cesse). Autant de changements qui rendent la vie incertaine et précaires les règles qui la gouvernaient. Et tous les domaines sont touchés. En matière familiale, par exemple, la multiplication des familles recomposées, monoparentales, «Lat» (living apart together, vivant séparément ensemble) ou encore non légalisées par le mariage confronte à des problèmes inédits qui se heurtent à l'absence de références héritées et auxquels les législations ne répondent pas. Quant aux technologies nouvelles qui se voient périmées dans des délais de plus en plus courts, elles secouent sans cesse les savoirs et bousculent les modèles. La transmission des parents vers les enfants, des aînés vers les plus jeunes en devient caduque et souvent s'inverse: l'enfant de 8-10 ans maîtrise mieux l'ordinateur que son père et «surfe» avec plus d'aisance que lui sur le net ...

Telles sont, me semble-t-il, un certain nombre d'éléments qui permettent de comprendre comment il se fait que l'on soit passé d'un mode normatif de fonctionnement de la société à un mode cognitif où l'on se refuse à «subir» des décisions et des choix élaborés en dehors de soi. Chacun entend être libre de choisir, de donner son avis et d'être partie prenante à la gestion de tout ce qui le concerne. La revendication et la pratique de la participation sont ainsi progressivement entrées dans les mœurs et l'on peut dire qu'aucun domaine n'y échappe, pas plus le champ religieux que les autres.

Avant de clore ce premier point, je voudrais formuler deux remarques. La première vise à souligner que cette participation est elle-même complexe et qu'elle peut jouer à divers niveaux, sans nécessairement les couvrir tous. Elle peut être limitée au niveau de la réflexion ou s'étendre jusqu'à la délibération; elle peut aller jusqu'à la décision et même jusqu'à la mise en œuvre de celle-ci. Mais il faut savoir qu'une fois le processus amorcé, il est difficile de l'arrêter sans développer des frustrations. Ainsi s'il était clairement stipulé que les Conseils pastoraux et presbytéraux étaient uniquement des instances d'avis, il est évident que des décisions prises sans tenir compte de ceux-ci ont contribué au distancement de certaines personnes qui voulaient s'engager effectivement dans le renouveau de l'Église[4].

Par ailleurs (c'est ma deuxième remarque), il s'agit de ne pas se faire d'illusion. L'attente de participation n'est le fait que d'une minorité – une autre minorité trouvant sa sécurité dans la soumission à des règles édictées par une autorité reconnue comme telle et la majorité jouant selon les cas dans l'entre-deux et attendant passivement la suite de l'évolution. Mais il n'en est pas moins évident que cette minorité active a construit une représentation nouvelle de ce qui est légitime et qu'ainsi, appliquée ou non, la participation apparaît désormais comme juste et souhaitable.

1.2. Les problèmes liés à la participation

Cette évocation du caractère minoritaire de la fraction de la population qui revendique et, éventuellement, exerce la participation anticipait deux problèmes liés à celle-ci. Celui tout d'abord de la compétence requise. Certes, tout le monde peut vouloir participer mais pour que ceci aie un sens positif, il s'agit que la participation repose sur une vision cohérente et informée, dépassionnée et rigoureuse. On pourrait à ce propos faire les mêmes remarques que celles soulevées par Bourdieu à propos de l'opinion publique, qu'il fustigeait dès lors qu'elle signifiait que tout le monde avait sur tout, quelque chose de pertinent à dire et donc à prendre en compte. La participation ne s'improvise pas; elle requiert une compétence qui, que celle-ci soit liée à un savoir théorique ou à une pratique ordinaire, aiguise la critique constructive. Cela signifie donc que la participation ne s'invente pas brusquement et que tout le monde ne peut sans doute participer, au sens plein du terme, toujours en tout. Mais comment savoir qui est à même de participer ici ou là? …

Outre cette question de compétence, la participation suppose des efforts, un investissement de soi que tout le monde n'est pas prêt à consentir et qui est particulièrement menacé dès lors que le processus devient long ou encore lorsque les efforts consentis ne semblent pas déboucher sur la rencontre des attentes. À ce propos, on peut voir que, quel que soit le domaine, «les chances» de participer sont très inégalement distribuées dans la population: ce sont les femmes et les populations de catégorie sociale moyenne qui sont les plus enclines à participer tandis que les jeunes – parce qu'ils ont d'autres «urgences» – et les exclus – parce qu'ils n'ont guère accès à la parole – y semblent les moins intéressés. (Et ceci n'est pas sans incidence sur la vie et le projet

---

4. Liliane Voyé, *Les Conseils presbytéraux et pastoraux diocésains*, dans L. Voyé – K. Dobbelaere – J. Remy – J. Billiet, *La Belgique et ses dieux*, Louvain-la-Neuve, Cabay / Recherches Sociologiques, 1985.

de l'Église où ces divers ensembles sociaux se retrouvent aussi très inégalement).

Aux problèmes liés à la compétence et à l'exigence d'investissement personnel, s'ajoutent d'autres difficultés qui font, de la participation, une démarche complexe et parfois risquée. Contrairement à ce qui se passe dans un régime gouverné par un ordre normatif, fonctionnant sur base de règles définies d'autorité à long terme, la participation requiert du temps: celui de l'expression des avis différents et de l'écoute réciproque, celui du débat et celui de la construction d'une réponse susceptible de satisfaire plus ou moins le monde. Ceci induit d'autres risques: celui d'une neutralisation et d'un aplatissement des points de vue qui, finalement, laissent chacun sur sa faim ou encore celui de la non-décision, de l'incommissionnement, du report à répétition ...

Ces diverses difficultés sont liées au fait que, contrairement à ce que pensent parfois d'aucuns, les avis sont partagés, les points de vue différents. La participation fait ainsi émerger des tensions et des conflits que tend à nier la règle autoritaire. Certes, il ne s'agit pas d'assimiler d'emblée ces tensions et conflits à de l'anomie: ils sont un mode constructif de relation sociale mais qu'il s'agit de réussir à dépasser pour éviter tout blocage stérile et toute exacerbation des divergences.

Parce qu'elle conduit chacun à exprimer son point de vue, la participation peut révéler des fractures et déboucher sur des «schismes» que l'observance de la règle autoritaire voilait jusque là derrière un unanimisme de façade, peut-être confortable à court terme mais potentiellement dangereux. Ainsi dans la mesure où elle révèle des divergences de vue, si la participation secoue l'institution, elle peut l'aider à se rénover et à se redéfinir.

Mais ainsi elle est pour tous insécurisante parce qu'elle est flexible. Elle se module au gré des événements, ses savoirs nouveaux, des rencontres, au gré même de son propre processus de développement. Comme telle, elle est un défi pour toute institution qui, par définition pourrait-on dire, cherche à stabiliser, à fixer. Elle est aussi un défi pour ceux qui participent et qui, s'ils le font honnêtement, sont amenés de façon plus ou moins profonde et plus ou moins fréquente, à changer d'avis, à revoir leur point de vue à la lumière des échanges et des débats.

Enfin, la participation, lorsqu'elle est mal conçue et mal exercée, peut conduire à des réactions d'égoïsme et/ou de corporatisme, à ce que l'on appelle volontiers aujourd'hui le phénomène «Nimby» («not in my backyard», «pas dans mon jardin») ce qui signifie que l'on est prêt aux changements pour autant que ceux-ci ne nous affectent pas.

Si la participation est ainsi porteuse de problèmes et de difficultés, elle est également riche en atouts majeurs.

1.3. Les atouts de la participation

Parce que, dès lors qu'elle est bien conçue et exercée, la participation oblige à la prise de parole et de responsabilité, elle conduit à ce que l'on peut appeler (au sens large) une «politisation ordinaire» c'est-à-dire un refus de la passivité, de l'acceptation de slogans ou de discours faciles, de soumission à des modes ou à des figures aussi séduisantes que superficielles. Elle construit une opinion éclairée dans la mesure où, d'une part, elle contraint à s'exprimer et donc à clarifier son point de vue (y compris pour soi-même) et où, d'autre part, elle confronte à la logique l'autre, c'est-à-dire à ce qui fait sens pour lui, à ce qui explique ses rejets, ses préférences et ses priorités. La participation est ainsi porteuse d'une puissante force éducative (et «citoyenne» dirait-on aujourd'hui dans le contexte politique).

Opposée à l'apathie qui conduit à l'indifférence et, à plus ou moins court terme, à la désaffiliation, – ce qui est actuellement fréquemment le cas dans l'Église – la participation peut sans conteste renforcer le sentiment d'identité et d'appartenance: s'investir dans une institution y rend plus attaché, davantage partie prenante. Celle-ci tend en effet à être alors progressivement perçue moins comme un complexe des structures impersonnelles et bureaucratiques que comme un lieu de vie, avec certes les forces et les faiblesses de celle-ci mais avec, du coup, une mise en évidence des relations qui la traversent. La participation peut ainsi aider à (re)construire un lien social par ailleurs défaillant.

Parce qu'elle relance sans cesse les débats qu'alimentent les apports de chacun et, en particulier, les rétroactions générées par ceux-ci, la participation est souple et flexible et par là, elle peut s'adapter aux changements et au mouvement. L'insécurité que ce caractère engendre est ainsi tout en même temps facteur potentiel d'adéquation à la complexité croissante du monde et des situations.

Faisant appel non seulement au savoir des experts mais aussi et surtout à ce que j'ai appelé «la compétence pratique» des acteurs concernés, c'est-à-dire le savoir que ceux-ci ont construit à travers leurs pratiques ordinaires, la participation tient compte de leurs expériences, de leurs sensibilités et même de leurs impulsions critiques. Ce faisant, elle reconnaît leur existence et leur dignité; elle les constitue réellement en acteurs au sens où l'entend Touraine: des personnes conscientes responsables, poursuivant un projet avec d'autres et se refusant non seulement à être instrumentalisées mais aussi à n'être que le reflet de rôles sociaux définis par des autorités[5].

5. Alain TOURAINE, *Pourrons-nous vivre ensemble? Égaux et différents*, Paris, Fayard, 1997, pp. 49, 57.

La participation porte ainsi en elle la chance de se construire en tant que personne libre et responsable. Mais que l'on ne s'y trompe pas: il ne s'agit pas là d'un cadeau gratuit. Je l'ai dit, participer demande un investissement de soi et sans doute aussi un certain type d'éducation qui, plutôt que l'obéissance, enseigne les droits et les devoirs liés à cette construction. C'est d'ailleurs bien là ce qui, à travers les résultats de l'enquête sur les valeurs des européens, apparaît comme étant recherché prioritairement dans l'éducation des enfants: non pas un apprentissage à l'obéissance mais bien une construction de réponses aux diverses situations et questions rencontrées, à partir de ce qui est concrètement vécu et ressenti. Certes, ce désir n'est pas toujours, loin s'en faut, rencontré tel quel, notamment par celles et ceux qui le formulent; certes aussi, on est là sur un terrain glissant, qui peut conduire à nombre de dérapages. Mais cela montre combien l'individuation, entendue comme étant l'affirmation de l'individu comme lieu du sens et du projet, a modifié le rapport aux institutions et aux rôles dont celles-ci avaient le monopole de définition. Il ne faut toutefois pas cacher que cette transformation est loin d'être automatique et qu'elle l'est d'autant moins qu'il est généralement plus simple de se conformer sans discuter ni réfléchir que de prendre le temps de se construire un point de vue. Et ceci est sans doute aujourd'hui d'autant plus difficile que les médias et le marché (les premiers soumis d'ailleurs largement au second) mettent en œuvre tous les moyens de séduction pour convaincre l'individu de l'importance de son ego tout en le manipulant à l'extrême. Il n'empêche: la participation relève désormais de l'ordre légitime et, comme telles, les questions qu'elle pose ne peuvent être éludées, pas plus dans le domaine religieux qu'ailleurs. Et c'est précisément quelques réflexions en cette matière et plus particulièrement dans le rapport aux rites qui vont faire l'objet des pages suivantes.

2. Participation et attentes à l'égard des rites religieux

2.1. Entre sens et mystère

En matière rituelle comme partout ailleurs, le désir et l'attente de participation ne sont le fait que d'une minorité mais sans doute celle-ci revêtelle pour l'avenir de l'Église une signification nettement plus importante que le poids statistique qu'elle représente. À côté d'elle existe une autre minorité qui reste liée au mode traditionnel de fonctionnement des rites: ce sont les représentants attitrés de l'institution qui en définissent et le fond et la forme et il s'agit de respecter pleinement cette définition; bien plus, cette minorité va tendre parfois à se rebeller dès lors que certains de ces représentants, même les plus hauts placés, s'écartent de ce mode (que l'on pense à l'abolition de la messe en latin qui a provoqué un quasi-schisme). Quant à la grande majorité, elle se contente bien souvent de «consommer» les rites sans en chercher vraiment le sens et s'insurge si l'attribution de l'un de ceux-ci lui est refusée ou est soumise à l'une ou l'autre condition. Dans nos pays, en effet, les rites religieux – catholiques en particulier – apparaissent en quelque sorte comme autant de «services publics» auxquels tout le monde a droit et qui font l'objet d'une relation de «clients» plutôt que de fidèles. C'est donc au sens que revêt la participation pour la minorité intéressée que je vais tout d'abord m'attarder, tout en soulignant que peut-être, à terme, à partir de celle-ci, d'autres personnes pourraient être rencontrées et, à leur tour, formuler des attentes de participation.

Si l'on considère les résultats de diverses recherches, on constate qu'un élément fondamental de la demande de participation en matière rituelle renvoie à la conception même du rite: comment concevoir celui-ci comme processus de construction problématique de sens et non comme produit déjà là, à consommer tel quel? Cela signifie essentiellement qu'il s'agit de (re)construire le rite comme un symbole – c'est-à-dire une mise en relation, en communion – et non de le laisser se réduire à n'être qu'un signe – c'est-à-dire une forme vide, fonctionnant selon un mode de type magique. Pour ce faire, il convient de s'interroger sur les modalités qui sont susceptibles de lui donner sens – c'est-à-dire tout à la fois signification et orientation. Car il faut savoir que, à la différence des simples consommateurs de rites, la population soucieuse de participation est désireuse de comprendre et ne se contente plus, comme antérieurement, de «faire confiance» à l'institution et à ses représentants, censés, eux, comprendre. Or, le langage rituel est un langage allégorique, qui, le plus souvent en outre, emprunte ses images à d'autres temps et à d'autres lieux et n'est dès lors pas directement compréhensible ici aujourd'hui. Ainsi en va-t-il par exemple de l'eau qui, souvent trop abondante chez nous, est rare dans les pays de la Bible où son rôle vital est dès lors mieux saisi qu'il ne l'est ici; il en va de même du sel qui fut longtemps une denrée précieuse, permettant d'assurer la préservation des aliments à une époque où n'existaient ni frigo ni congélateur! Il ne s'agit donc pas de changer les images, comme certains parfois entendent le faire, mais bien de les rendre lisibles pour chacun en en découvrant le sens. Certes rien n'interdit de changer ces images mais ce faisant, on risque parfois de dévaluer le rite qui tire aussi son sens et son efficacité symbolique de sa permanence temporelle et des évocations relativement mystérieuses que celle-ci lui assure. Subtile alliage donc entre une exigence de compréhension du sens et la préservation d'une forme qui, loin d'être alors creuse, élargit ce sens et, en quelque sorte, l'universalise lui donnant ainsi une portée qui dépasse l'ici et maintenant.

2.2. Les attentes «de masse»

Ayant ainsi évoqué la façon dont le rite peut faire sens pour une population – minoritaire, je le répète – qui manifeste de l'une ou l'autre manière un désir de participation, je voudrais à présent proposer de façon synthétique ce qui ressort de diverses recherches (personnelles ou autres) concernant les attentes que développe, à l'égard des rites, une population de type plus «consommateur».

Mais avant d'aborder cet aspect, je voudrais insister sur deux points. Tout d'abord, il me semble qu'il ne faudrait pas d'emblée mépriser et rejeter les attentes de cette population: si elle demande un rite, c'est parce que, de façon plus ou moins consciente, elle en attend quelque chose; quelque chose de vague sans doute et qui est plus ou moins éloigné du sens qu'entend y placer l'institution mais quelque chose à quoi elle ne veut pas renoncer et dont la privation lui serait douloureuse. Le recours à ce(s) rite(s) traduit en outre la perdurance d'un lien, si ténu soit-il, avec l'Église et est une occasion de réassumer une appartenance fragile, comme l'est sans doute la fête familiale annuelle. C'est aussi une marque identitaire culturelle, plus large que strictement religieuse, à laquelle aussi l'altérité donne sens, chose qui s'avère aujourd'hui d'autant plus importante que nous vivons dans un contexte de globalisation qui, paradoxalement dit Touraine, pousse la personne à «prendre appui sur un désir a-historique»[6]. «Et, du même coup, chacun de nous prend conscience de soi comme appartenant à une tradition, à une mémoire, à un être (d'abord biologique) qui seul résiste à la globalisation qui a débordé ou emporté les institutions sociales»[7].

Ma deuxième remarque peut se résumer par une question: quelle Église veut-on? Une Église confessante, accueillante aux seuls convaincus, assidus, engagés, … ou une Église de masse, ouverte aussi aux «tièdes», aux passants, aux intermittents, aux nomades, …? La réponse ne m'appartient pas mais il faut savoir que beaucoup de demandeurs de rites (en particulier de rites de passage) appartiennent à la deuxième catégorie et ont, en la matière, diverses attentes que révèlent les recherches et que je vais à présent résumer, une fois encore sans hiérarchie: c'est la conjonction des diverses caractéristiques que je vais évoquer qui importe et non l'une ou l'autre d'entre elles plus particulièrement, même si, dans le déroulement des entretiens d'où sont

---

6. *Ibid.*, p. 57.
7. *Ibid.*, p. 48.

souvent repris les éléments qui suivent, ce sont fréquemment les caractéristiques externes qui sont mentionnées en premier et le plus spontanément.

Il est incontestable que la dimension esthétique du rite joue un rôle important: le décor, la musique, les textes, les parfums, les lumières contribuent clairement à construire la valeur vécue du rite. Il s'agit d'en faire un événement marquant, un moment fort, un repère de mémoire qui vienne rompre avec la banalité du quotidien. Cet aspect esthétique est d'autant plus important que nous vivons dans une société dite, par certains, de spectacles et de spectacles dont la qualité de «mise en scène» est souvent grande (même si elle est orientée vers des goûts différents). La médiocrité est donc à bannir!

Tout comme l'est aussi la précipitation. Le rite suppose une certaine durée, il ne peut être bâclé: le temps l'assied dans son importance, tout en rompant avec la hâte du quotidien. On sait d'ailleurs depuis longtemps que c'est un des atouts du mariage religieux, comparé au mariage civil: plus rapide et plus fonctionnel, ce dernier est ressenti comme une démarche administrative et une occasion de rappeler la législation alors que le mariage religieux suppose un temps plus long et s'inscrit dans une dimension symbolique à laquelle contribue très largement le décor[8].

La valeur attribuée au rite va aussi dépendre des émotions auxquelles il va faire place et qu'il va susciter. Loin qu'il ne soit simplement un acte intellectuel, le rite (et l'esthétique et le temps y contribuent) doit faire appel aux sentiments, notamment à ceux que réprime la vie quotidienne. Ainsi des recherches montrent-elles que les funérailles religieuses sont vues comme offrant plus que d'autres la possibilité «légitime» de pleurer, aux hommes comme aux femmes, à ceux qui se targuent de rationalité comme aux «gens simples» …

Ces deux dimensions des rites – esthétique et émotionnelle – avec le temps qu'elles supposent, sont sans doute aujourd'hui d'autant plus importantes qu'elles contribuent à sortir transitoirement la personne de l'utilitarisme dominant la vie quotidienne, pour la projeter dans le monde des valeurs, où l'on ne mesure ni ne compte. Rien d'étonnant sans doute dès lors à voir le rite d'autant plus «réussi» qu'il se propose et est appréhendé comme un dépassement de ce quotidien, un moment et un agir qui échappent aux exigences de celui-ci et immergent dans un autre registre, celui de l'être et non de l'avoir, de la disponibilité et de la gratuité et non des performances et de la rentabilité. Il introduit dans

---

8. Liliane VOYÉ, *Les jeunes et le mariage religieux*, dans *Social Compass* 39 (1991) 405-416.

l'espace et le temps de ce que Bataille appelle «la part maudite»[9], c'est-à-dire un espace et un temps, des objets et des pratiques, retirés de l'ordre de l'utilité directe pour être consacrés aux problèmes fondamentaux de l'homme: le sens de la vie et de la mort.

Outre ces caractéristiques qui ont sans doute toujours participé au sens plénier du rite, certains aspects semblent davantage liés à la sensibilité contemporaine. Parmi les attentes que révèlent les recherches, la reconnaissance de la personne individuelle apparaît déterminante. La société contemporaine joue en effet en la matière de façon contradictoire: elle insiste sur le caractère unique, irremplaçable de la personne en même temps qu'elle la rend anonyme dans la masse, la transforme en numéro dans sa gestion bureaucratique de nombre de domaines et prend un fictif «individu moyen» comme étalon du marché. Il faut toutefois reconnaître que, plus récemment, ce dernier – habile à déceler rapidement les changements de sensibilité – modifie ses tactiques: les produits standards s'effacent de plus en plus devant l'élargissement des gammes proposées aux choix des clients. Ainsi la voiture de base s'accompagne-t-elle d'une longue liste d'options que le client peut combiner selon ses (soi-disant) besoins et goûts. Les «jeans», cet «uniforme» des jeunes et des moins jeunes, se modulent désormais sous diverses matières, formes et décorations. Et, quoiqu'on en pense à première vue, les MacDonald's jouent plus sur la diversité que sur l'uniformité ... Le marché a en effet très vite compris qu'en ce début de troisième millénaire, le souci de l'affirmation individuelle est plus aigu que jamais ... Ce souci apparaît également dans le domaine des rites religieux, dont il est aussi attendu qu'ils combinent des éléments hiératiques, conformes aux normes de la tradition liturgique avec des évocations particulières aux personnes concernées. Les funérailles illustrent de plus en plus fréquemment ceci de façon évidente. La place faite au défunt dans la célébration devient souvent première et éclipse plus ou moins largement la référence à Dieu et à la vie éternelle: sa photo est exposée sur le cercueil; ses amis et ses proches parlent de sa vie, de ses joies et de ses peines, de son métier et de ses hobbies, de ses qualités et de ses manies; on diffuse sa musique préférée et on lit des extraits de ses messages ou des lectures qu'il aimait. Le mariage connaît la même évolution: lectures, musiques, décors, ... sont choisis par les mariés qui entendent ainsi personnaliser la cérémonie et en faire un moment unique, comparable à nul autre...

À côté de ces aspects très personnalisés, le «succès» des rites va aussi aujourd'hui être associé au fait qu'ils rassemblent non pas d'abord des groupes ascriptifs mais des réseaux d'affinités électives. Ainsi conçoit-on

9. Georges BATAILLE, *La part maudite*, Paris, Minuit, 1967.

de moins en moins la célébration eucharistique comme un moment de rassemblement d'un groupe local – la paroisse territoriale. Elle tend à faire d'autant plus sens que s'y retrouvent, même dans l'anonymat, des personnes partageant les mêmes goûts – musicaux, littéraires, esthétiques, … – et ayant les mêmes attentes à l'égard des lectures et des prédications et en ce qui concerne la façon générale de gérer le déroulement de la cérémonie. L'hétérogénéité de la «communauté» risque de déranger plus qu'elle n'incite à la communion.

Parmi les réseaux que l'on aime associer aux rites, la famille occupe sans conteste une place privilégiée. Mais il faut se méfier de termes dont on n'approfondirait pas le sens. Par famille, il convient bien souvent d'entendre cette partie plus ou moins large de celle-ci avec laquelle on a choisi d'avoir des relations, ce qui n'inclut pas nécessairement toutes les personnes avec lesquelles on est lié par le sang ou l'alliance. En effet, la plupart du temps aujourd'hui, lorsque l'on dit «famille», on entend les membres élus de celle-ci, loin des contraintes antérieures, et on y inclut les amis proches qui eux, précisément, sont toujours choisis («c'est plus que ma sœur, c'est mon amie», disait en ce sens un jeune récemment interviewé). L'importance que revêt la famille ainsi entendue en matière de rites est clairement attestée par les recherches. Ainsi est-ce avant tout la tradition familiale qui est évoquée pour expliquer la continuité du recours au baptême[10] et au mariage[11] religieux. Loin que, comme on le croit parfois, ce ne soit le caractère plus festif de la cérémonie qui ne vienne en premier motiver ce choix chez des personnes n'ayant par ailleurs plus de liens avec l'Église ou n'entretenant avec celle-ci que des rapports très ténus, c'est en effet le respect et la fidélité à cette tradition qui sont mis en avant et qui, le plus souvent, semblent suffire à légitimer ce recours à un rite religieux, peu sinon pas vécu par contre comme observance d'une obligation institutionnelle. Faut-il voir en ceci une certaine confirmation de la thèse d'Hervieu-Léger qui propose de définir la religion ou, plus précisément, le croire (terme qui indique d'emblée une distanciation à l'égard de l'institution) comme «une lignée» venant répondre aux «aspirations identitaires refoulées par cette culture moderne de l'homogène pris pour l'universel», à partir du «capital de mémoire» qu'il contient –, «mémoire» qu'il s'agit, estime Hervieu-Léger, d'écrire au pluriel et de qualifier de «petite» dans la mesure où l'on assiste, dit-elle, à «la disqualification culturelle de 'la grande mémoire' sur laquelle

10. Anne VAN MEERBEECK, *Het doopsel: een familieritueel. Een sociologische analyse van de betekenissen van dopen in Vlaanderen*, Leuven/Amersfoort, Acco, 2001.

11. VOYÉ, *Les jeunes et le mariage religieux*.

les institutions religieuses ont fondé historiquement leur légitimité»[12]. En ce sens, c'est avant tout parce que les rites entretiendraient la mémoire familiale que la sécularisation ne réussit pas à les évacuer autant que d'aucuns s'y attendraient.

Ces diverses caractéristiques semblant répondre aux attentes actuelles d'un grand nombre de personnes recourant aux rites doivent enfin se combiner – chose plutôt paradoxale à première vue – avec une relative stabilité des formes externes de ceux-ci. Cette sorte de «fil rouge» de repères formels immuables semble en effet garant de leur légitimité et de la crédibilité qu'ils sont susceptibles d'engendrer. L'une et l'autre reposent en effet notamment sur la durée dont les rites témoignent. Il s'agit là pourrait-on presque dire d'une «donnée technique de base»: un rite ne s'improvise pas aisément. Il suffit de voir les difficultés rencontrées en Belgique par les «rites laïques», instaurés pour offrir une alternative aux rites religieux et en particulier catholiques; leur caractère relativement récent les prive de la valence qu'apporte le temps, qui atteste de leur validité.

Telles sont donc, selon de nombreuses recherches, les principales caractéristiques dont les rites doivent être porteurs pour répondre au mieux aux attentes d'un large public plus ou moins désengagé par ailleurs de toute implication dans la vie de l'Église, voire même d'un profond sentiment religieux au sens strict du terme.

2.3. En guise de conclusion: quid de la participation?

Ce long détour par les attentes dont témoigne une large partie de la population à l'égard des rites me ramène à la question de la participation en cette matière. Aborder la chose nécessite toutefois une remarque préalable. Il est bien évident que cela ne signifie en aucune manière que l'institution doit tout faire pour rencontrer ces attentes mais il convient qu'elle en tienne compte pour définir son projet: se veut-elle une Église confessante ou une Église de masse? Dans le premier cas, elle peut avoir des exigences relativement fortes et, en la matière, ne permettre l'accès aux rites qu'à certaines conditions – de régularité, d'engagement, de fidélité par exemple. Mais elle doit savoir qu'alors, la fréquentation des rites diminuera sensiblement. Par contre, si l'Église entend se définir comme Église de masse, elle se doit d'accepter les dérives qui marquent souvent l'appropriation des rites et qui, les rendant ainsi polyvalents, en élargissent la «clientèle» … La chose n'est d'ailleurs pas neuve mais elle est restée longtemps occultée par les contraintes sociales. Un exemple peut en témoigner: la pratique dominicale n'a jamais signifié

---

12. Danièle HERVIEU-LÉGER, *La religion pour mémoire*, Paris, Cerf, 1993, p.254.

(uniquement) pour tous une adhésion pleine et entière à la doctrine et à la morale de l'Église; elle pouvait revêtir bien d'autres significations. Elle pouvait être, par exemple, signe de statut social comme elle l'était dans de vieilles régions industrielles en Belgique: la bourgeoisie étant souvent catholique, un ouvrier devenant contremaître commençait à aller à la messe pour manifester, en dehors de l'usine, sa promotion sociale. Et cette même messe dominicale avec les rencontres qui la précédaient et la suivaient, jouait parfois le rôle de «marché matrimonial», la présence régulière à la messe offrant aux parents une garantie de sérieux et de qualité des «candidats» conjoints ... L'appropriation des rites connaît et a toujours connu bien des dérives par rapport à la logique qui soustend leur production. Il s'agit d'être lucide sur la chose et d'admettre que certains viennent chercher, dans les rites, autre chose que le projet qui alimente ceux-ci. On en revient ici à la question du choix d'Église.

Ceci dit, et en particulier pour la minorité «consciente» qui manifeste un certain désir de participation en matière de rites, il me semble que l'engagement de cette minorité aura d'autant plus de chances d'être profond et durable qu'elle pourra s'exprimer librement et sans se voir culpabilisée. Mais il sera sans doute aussi d'autant plus fort que l'institution s'inscrira en la matière dans une perspective procédurale c'est-à-dire qu'elle acceptera de concevoir le rite non comme une forme rigide devant recouvrir une unanimité de forme sinon de fond mais comme un dispositif ouvert et transparent. Ouvert, c'est-à-dire susceptible de variations et d'adaptations. Transparent, c'est-à-dire explicité tant dans son intention que dans sa forme, avec les symboles auxquels celle-ci recourt et dont la compréhension est souvent d'autant moins évidente qu'ils relèvent d'autres temps, d'autres lieux et d'autres cultures.

En ce sens, il est possible peut-être de penser à une «Église-animateur» qui, plutôt que d'imposer des rites dont le sens est perdu, s'efforce de faire surgir le sens porté et/ou recherché et, tout en continuant à affirmer son propre projet, entend voir comment elle peut par là même aider à la promotion de projets individuels et/ou associatifs en inscrivant ceux-ci dans un sens plus large et en quelque sorte transcendant.

Rue Dr. Olyff 9-10   Liliane VOYÉ
B-4750 Marchin

LE CONCEPT D'«ASSEMBLÉE»
CHEZ A.-G. MARTIMORT

Le nom de Mgr A.-G. Martimort (1911-2001) est connu, bien au-delà des frontières de France. Prêtre du diocèse de Toulouse, formé à l'archéologie chrétienne, historien du Gallicanisme, l'abbé Martimort a été mêlé dès le début au projet de création du *Centre de Pastorale Liturgique* de Paris (*CPL*) en 1943; il en a été le co-directeur avec le P. Roguet, dominicain, jusqu'en 1964. Martimort fut non seulement l'animateur du mouvement liturgique de l'après-guerre, mais l'historien et le théologien de la liturgie. Il a travaillé avec acharnement à la Constitution liturgique de Vatican II et de bien d'autres textes conciliaires. Il fut un membre actif du *Consilium*, chargé de la mise en œuvre de la réforme liturgique et des nouveaux livres liturgiques[1].

Le chanoine Martimort, grande figure d'intellectuel et de pasteur, a été un remarquable chef d'équipe. La méthode de travail du *CPL* élaborée par lui a fait ses preuves: chaque année, le Centre rassemblait une équipe multidisciplinaire pour explorer une nouvelle thématique de pastorale liturgique. Ensuite, les membres du groupe de travail se réunissaient pour un bref conclave chez les bénédictines de Vanves et chacun exposait ses recherches. L'essentiel des acquis était diffusé dans les grands congrès (souvent tenus à Versailles) dont les actes sont publiés dans la collection *Lex orandi*. Cette manière de faire comportait un double avantage: susciter des consensus parmi les pasteurs et les chercheurs, diffuser largement les résultats de la recherche et créer une opinion favorable aux objectifs du mouvement liturgique[2].

---

1. Cfr. A. HAQUIN, *In memoriam Mgr A.-G. Martimort (1911-2000)*, dans *Questions liturgiques* 82 (2000) 151-154.

2. Concernant le *Centre de Pastorale Liturgique* de Paris, lire P. DUPLOYÉ, *Les origines du Centre de Pastorale Liturgique 1943-1949* et *La Maison-Dieu* 157 (1984/1), *La pastorale liturgique en France. Du C.P.L. à l'après-guerre (1943-1983)*, principalement les contributions de J. Evenou et de A.-G. Martimort; voir p. 32 la «Liste des sessions de Vanves et de Versailles et des Congrès du C.P.L.».

L'Assemblée liturgique, pièce maîtresse de l'action pastorale

Quatre fois en une dizaine d'années, Martimort abordera le sujet de l'Assemblée liturgique dans la revue parisienne *La Maison-Dieu* (1949, 1954, 1957, 1959) et une dernière fois dans la *Revue diocésaine de Tournai* en 1960[3]. Ces écrits ont d'abord fait l'objet d'exposés oraux dans divers congrès. Ils doivent être compris comme une préoccupation majeure du *Centre de Pastorale Liturgique*; il est donc important de les resituer au sein de l'action liturgique de cet organisme.

L'assemblée liturgique

«Il ne semble pas que les traités de liturgie et manuels de rubriques se soient beaucoup préoccupés de dégager les structures de l'assemblée liturgique, de formuler les lois auxquelles elle doit obéir» (*LMD* 20 [1950], p. 153). C'est par ces mots-programme que Martimort commence la première approche de l'assemblée, avec le sentiment de faire du neuf, d'aborder une réalité fondamentale et complexe[4]. La liturgie est plus que les livres et les règles de la célébration; elle est spécifiquement le rassemblement d'un groupe de chrétiens convoqués pour l'action de grâce. Cet exposé a été proposé en 1949 à la session de Versailles consacrée au Culte paroissial (sa nature, ses règles, ses principes)[5]. Rechercher l'originalité de l'assemblée liturgique chrétienne, favoriser une célébration vivante tout en évitant les créations sauvages (paraliturgies appelées par certains «antiliturgies»), tel est l'objectif visé par cette intervention. Du reste, l'Encyclique de Pie XII *Mediator Dei* de 1947 a

---

3. *L'assemblée liturgique*, dans *LMD* 20 (1950) 153-175; *L'assemblée liturgique, mystère du Christ*, dans *LMD* 40 (1954) 5-29; *Dimanche, assemblée, paroisse*, dans *LMD* 57 (1959) 55-84; *Précisions sur l'assemblée*, dans *LMD* 60 (1959) 7-34; *L'assemblée liturgique*, dans *Revue Diocésaine de Tournai* 15 (1960) 451-465. Trois des quatre articles de *LMD* sont repris dans *Mens concordet voci. Pour Mgr Martimort à l'occasion de ses 40 années d'enseignement et des 20 ans de la Constitution Sacrosanctum Concilium*, Paris, Desclée, 1983.

4. Une thèse de théologie, parue récemment, est consacrée à la pensée de Mgr Martimort au sujet de l'assemblée: J. GONZÁLEZ PADRÓS, *L'assemblea litúrgica. Recerca teologica en el pensament d'Aimé Georges Martimort* (Col.lectània Sant Pacià, 73), Barcelona, Facultat de Teologia de Catalunya, 2001. Une lettre de Martimort à l'auteur (20 févr. 1997) citée p. 108 explique le pourquoi de l'étude de l'assemblée au sortir de la seconde guerre mondiale.

5. La jeune collection *Lex orandi* accueillera un important volume consacré à ce sujet: H. CHIRAT, *L'assemblée chrétienne à l'âge apostolique* (Lex orandi, 10), Paris, Cerf, 1949.

stigmatisé diverses innovations et rappelé que l'autorité exclusive en matière de la liturgie est aux mains du Saint-Siège[6].

Avec son sens pédagogique exceptionnel, Martimort décline les caractéristiques majeures de l'assemblée chrétienne qu'il puise dans les sources inattaquables du Nouveau Testament et des Pères (Pline, Justin, Ignace), non sans citer le concile de Trente lui-même.

Rassemblement d'un peuple convoqué par Dieu en un lieu donné (*sunaxis*), tel est le «mystère» de l'assemblée chrétienne. La richesse de l'assemblée a été comme occultée au cours des siècles, notamment au Moyen Âge, lorsque l'Église et la cité étaient confondues, et aussi lorsque, à la suite des attaques de Luther, le concile de Trente défendit la légitimité des messes privées, détachant en quelque sorte l'assemblée de l'action liturgique.

Réunion de tout venant et non de «purs», c'est-à-dire peuple de justes et de pécheurs, l'assemblée liturgique est un rassemblement bigarré où se mélangent les classes sociales, les âges, les langues. De ce point de vue, selon le mot de Martimort, l'assemblée est un lieu de «violence»: nous y sommes provoqués à une profonde conversion. On peut exprimer cette conversion de diverses manières: il s'agit de renoncer à une «Église de purs» et à une Église-club où des chrétiens coopteraient leurs «semblables» au sens sociologique du terme. Seule la foi et le baptême sont requis comme points communs: les âges, les races, la provenance sociale, la culture, la profession, les goûts esthétiques, etc., rien de tout cela ne doit entraver le rassemblement ecclésial. Ce double pluralisme difficile à vivre, est celui même de l'Église «foule immense ... de toutes nations, tribus, peuples et langues» (Apoc 7). De plus, l'assemblée fait place aux absents (aux empêchés, notamment le dimanche) qui en réalité sont présents par la prière des frères; elle est une assemblée ouverte, destinée à croître et non un cercle privé. Enfin, l'assemblée fortifie la communauté chrétienne en suscitant la communion par une participation vivante; cette communauté est hiérarchisée ou structurée par les ministères. Tels sont les éléments identitaires qui apparaissent dans ce premier écrit. L'assemblée est plus qu'un simple fait ou une donnée sociologique; elle est de l'ordre du signe; en elle se manifeste l'Église. Si l'Action catholique travaille légitimement par rassemblements sectoriels, il faut garder l'unité de l'assemblée liturgique, spécialement dans les paroisses.

---

6. Voir les paragraphes 545 (La seule autorité compétente) et 546 (Des innovations téméraires) dans le texte français de l'Encyclique *Mediator Dei* (*AAS 39* [1947] 521-600) édité par les Moines de Solesmes, *La liturgie, Les enseignements pontificaux*, Tournai, Desclée et Cie, 1961.

L'assemblée liturgique, mystère du Christ

Cette deuxième conférence sur l'assemblée chrétienne a été proposée au Congrès de Versailles de 1954 consacré à *Évangélisation et liturgie*. Au sein de la pastorale missionnaire (cfr. Godin, *France, pays de mission?*) de l'après-guerre, quelle place a la liturgie? La double conviction du Congrès est claire: pas de liturgie sans évangélisation, et pas d'évangélisation qui ne tende vers une assemblée liturgique vivante et ouverte. N'y a-t-il pas ici comme un avant-goût de Vatican II: la liturgie «sommet» et «source» de l'action de l'Église (*Sac. Conc.* 10)?

1) L'assemblée liturgique est abordée comme mystère divin (*sacramentum*): elle est la manifestation de l'Église, la voix de l'Épouse du Christ, son Corps même (et donc le lieu d'une présence particulière du Christ), l'image de la Jérusalem céleste. Tout cela doit inciter à préférer l'action liturgique aux actes de dévotion individuelle. Aussi Martimort affirme qu'il n'y a pas de vie chrétienne sans participation à l'assemblée.

2) De la vie quotidienne à l'assemblée. À nouveau, le caractère «violent» de l'assemblée est ici évoqué. L'assemblée, en raison de son caractère eschatologique, nous provoque à une triple conversion: nous détacher de nos appartenances naturelles pour rejoindre des frères que nous n'avons pas choisis; rompre avec le péché, tout en acceptant de vivre dans une communauté en cheminement; nous détacher des réalités provisoires, tout en suppliant Dieu en faveur des besoins de la communauté terrestre.

3) De l'assemblée à la vie quotidienne. Ici encore, la réunion chrétienne ponctue le quotidien tout en étant transitoire. Accepter de retrouver les tâches quotidiennes, les combats évangéliques, une solidarité sans frontière – nouvelle «violence» – n'est-ce pas vivre le paradoxe d'une Église plantée sur la terre des hommes et appelée à la Jérusalem céleste? Fortement ecclésiologique malgré son titre, cette deuxième étude de l'assemblée complète la première.

Dimanche, assemblée, paroisse

Cet exposé a été proposé à Athis-Mons, dans une réunion restreinte destinée aux curés des paroisses rurales de France (1958). La thématique générale était – déjà! – celle des «trop petites paroisses» et du manque de prêtres. Le chanoine F. Boulard, sociologue, y participait. La réalité de l'assemblée est ici approchée à travers le rassemblement dominical. Le conférencier s'efforce de rencontrer la richesse et les vicissitudes des assemblées dominicales des (trop) petites paroisses.

1) L'assemblée dominicale et son importance. C'est à nouveau le dossier biblique et patristique qui est rouvert avec une insistance sur la dimension eschatologique du dimanche. Un nouveau slogan pastoral à deux termes apparaît: pas de dimanche sans assemblée; pas d'assemblée dominicale sans eucharistie et sans écoute de la Parole de Dieu. Comme dans le mouvement liturgique du début du 20ᵉ siècle, l'enjeu du dimanche est à nouveau mis en valeur.

2) Vicissitudes de l'assemblée dominicale. Il faut regarder la réalité en face! L'actualité brûlante du manque de prêtres donne à Martimort l'occasion d'un développement historique sur les communautés chrétiennes et sur l'histoire de la paroisse. Si l'histoire ne résoud pas les problèmes contemporains, elle montre que chaque époque a été affrontée à des défis et a trouvé des chemins nouveaux. Au moins, les pasteurs sauront qu'il faut chercher des solutions à la situation contemporaine, sans sacrifier les repères essentiels: la célébration du dimanche dans les assemblées locales, et l'eucharistie dominicale du Jour du Seigneur.

Précisions sur l'assemblée

Le Congrès de Versailles de 1959 est consacré aux Acteurs de la célébration, dans la ligne de l'Instruction récente de la Congrégation des Rites (1958). Mais ce texte est marqué par une certaine inquiétude qui en explique sans doute l'allure assez polémique. En effet, Martimort estime que l'assemblée fait l'objet d'interprétations erronées. Pour élaborer son argumentation, il se lance dans une exploration théologique de type thomiste sur le *sacramentum* et la *res et sacramentum* de l'assemblée, peut-être inspirée par le P. Roguet, commentateur averti de la Somme de théologie de S. Thomas d'Aquin.

Selon Martimort, au cours de l'histoire, l'importance de l'assemblée liturgique s'est perdue et en conséquence sa dimension de signe, le prêtre devenant l'unique personnage nécessaire pour la célébration dont l'*ex opere operato* garantissait à la fois la validité et la légitimité théologique. Un intérêt disproportionné a été accordé à la seule validité alors que celle-ci aurait dû être considérée comme un «minimum requis» pour des cas exceptionnels. Le mouvement liturgique a connu des difficultés au 20ᵉ s. du fait de cette distorsion: si du point de vue canonico-dogmatique, la messe célébrée par le prêtre seul (accompagné de l'acolyte) est pleinement valable, du point de vue liturgique et pastoral, comme Vatican II le reconnaîtra, la situation normale est celle d'une célébration vécue par l'assemblée toute entière, signe de l'Église.

1) L'assemblée liturgique est «signe» de l'Église (*sacramentum*). Cette affirmation est une des redécouvertes majeures, liée au renouveau de l'ecclésiologie du 20ᵉ s. En effet, l'assemblée qui célèbre est habitée par le mystère du salut: n'est-elle pas le Peuple de l'Alliance (*Qahal*) comme déjà l'Ancien Testament le soulignait avec force? Elle est un signe eschatologique, car elle est promise au Royaume.

2) Si la *res* de l'Église, c'est-à-dire la réalité ultime et invisible de l'assemblée est l'Église céleste, ne peut-on affirmer que la *res et sacramentum* (l'effet par rapport au signe, mais un premier effet renvoyant à la *res* finale) est déjà présente en elle? Cet effet intermédiaire n'est-il pas tout simplement la présence privilégiée du Christ ressuscité, selon Mt 18,20 «Là où deux ou trois sont réunis en mon nom, je suis au milieu d'eux»? Faut-il parler d'une présence sacramentelle du Christ, alors que le *signum* constitué par l'assemblée liturgique n'est pas formellement sacramentel, le sacrement au sens strict étant l'eucharistie elle-même dont seul le prêtre est l'agent ecclésial indispensable pour l'acte consécrateur? Cette question met en cause le statut de l'assemblée et des baptisés. Or, le sacerdoce baptismal des fidèles a refait surface récemment dans la théologie occidentale, alors qu'il apparaissait au cours des derniers siècles comme une caractéristique de l'ecclésiologie protestante[7]. Martimort ne fait que poser la question et renonce à franchir le pas[8]. Du reste, la présence du Christ à l'assemblée est une présence passagère qui cesse lorsque l'assemblée se disperse[9]. On sent à la fois la conviction profonde de l'auteur et son embarras pour rendre compte de sa conviction. Vatican II est encore loin, qui définira l'Église comme un «sacrement» et tout baptisé comme participant à sa manière au sacerdoce

7. Voir les mises en garde de l'Encyclique *Mediator Dei* (n. 6), paragraphes 562-564 sur les «erreurs» concernant le sacerdoce des fidèles.

8. «Cette présence est vraiment liée au signe, à savoir le fait que des baptisés sont réunis pour prier. Mais elle ne peut être dite sacramentelle, puisque l'assemblée n'est pas un *sacrement* au sens strict où la théologie moderne emploie ce terme; elle est d'un autre ordre, mais doit être reconnue dans la foi. D'autre part, cette présence ne persiste pas au-delà du signe: en dehors de l'assemblée, il faut que le fidèle aille chercher dans la Réserve eucharistique la sainte Humanité du Christ» (*LMD* 60 [1959] 26-27). Voir aussi GONZÁLES PADRÓS, *L'assemblea litúrgica* (n. 3), pp. 196-201.

9. On remarquera que la Constitution liturgique de Vatican II énumère les divers modes de présence du Christ dans la liturgie (n° 7): «Pour l'accomplissement d'une si grande œuvre (l'œuvre du salut), le Christ est toujours là auprès de son Église, surtout dans les actions liturgiques...». Suit alors une longue énumération de modalités diverses (strictement sacramentelles et sacramentelles au sens large): dans le sacrifice, la personne du ministre, sous les espèces eucharistiques, dans les sacrements (par sa «vertu»), dans sa Parole, lorsque l'Église prie et chante le psaumes. Cette énumération ne fait pas l'objet d'une démonstration théologique particulière.

du Christ. Sur ce point, la Constitution liturgique, riche de la maturation théologique du mouvement liturgique, ouvrira le chemin aux développements de *Lumen Gentium*[10].

3) Problèmes pastoraux. L'oubli du signe au plan théologique va de pair avec l'oubli du statut spécifique de l'assemblée liturgique, d'où les déficits pastoraux. Selon Martimort, tous les groupes réunis pour la prière ne sont pas des assemblées liturgiques au sens fort et toute prière collective n'est pas une action liturgique: c'est le cas des paraliturgies et de la catéchèse[11]. Par ailleurs, l'oubli du *signum* peut faire renaître des attitudes donatistes, c'est-à-dire le rêve d'une Église de purs sur cette terre. Ne serait-ce pas confondre le *signum* avec la *res* finale? Oublier la portée du signe exposerait également à adopter des critères d'efficacité tout humains: souhait d'une assemblée homogène par la sensibilité, les options et les engagements, etc.

N'est-ce pas là, pense Martimort, le dangereux piège d'un type d'adaptation liturgique allant dans la ligne du «Qui se rassemble s'assemble»? En résumé, l'oubli du signe entraînerait l'oubli d'un caractère spécifique de l'assemblée liturgique, de son statut propre qui est celui même de l'Église de Dieu en ce monde.

L'assemblée liturgique

Venu à Mons (Belgique) en 1960, pour une journée liturgique diocésaine, consacrée aux acteurs de la célébration, le chanoine Martimort a repris en dix points les grands thèmes déjà développés dans ses exposés précédents. Le sixième traite explicitement de la «participation active», thème principal du présent colloque de Leuven. Ce point si important peut lui-même être en quelque sorte dévalorisé: en effet, la participation dans l'assemblée chrétienne est censée susciter et manifester l'unanimité de l'Église, fruit de l'Esprit Saint. L'orateur termine en soulignant les avantages et les risques respectivement des petites assemblées et des grandes, quant à la participation et à la dimension de signe. Le manque d'animateurs et la fermeture sur le groupe est peut-être le risque propre des trop petites assemblées ou paroisses, tandis que l'anonymat et le manque de participation active de tous serait celui des grandes assemblées.

10. Cfr. *Sacrosanctum Concilium*, n° 14.
11. Voir encore la définition de la liturgie selon *Mediator Dei* (n. 6), paragraphes 521-522.

'L'Église en prière. Introduction à la liturgie'

Dans son volume *Les signes de la Nouvelle Alliance*, Martimort traite des sept sacrements et non de la liturgie dans son ensemble; ce «livre du maître» à l'usage des Frères des écoles chrétiennes utilise le langage du signe pour désigner chacun des sept sacrements, présentés dans leur enracinement biblique. Toutefois l'assemblée ne semble y avoir aucune place, comme si toute l'attention se portait sur les actions et les ministres plus que sur la communauté réunie.

Par contre, dans *L'Église en prière* (1 vol., 1961), l'assemblée a droit à un chapitre particulier[12]. Le titre général de l'encyclopédie *L'Église en prière* mérite d'ailleurs attention; il est comme la reprise inversée de la définition de la liturgie que proposait dom L. Beauduin dans les années 1910-1914: *La prière de l'Église*. Une fois de plus, il apparaît que l'intérêt de Martimort est profondément ecclésiologique. Mais pourquoi n'a-t-il pas choisi pour titre *L'assemblée chrétienne en prière*? Sans doute a-t-il préféré mettre en avant la *res* (Église eschatologique) plutôt que le *signum* (Assemblée terrestre). En tout cas, le titre retenu exprime sa conviction que c'est (toute) l'Église qui célèbre. De telles perspectives seront largement cautionnées par Vatican II.

La première édition (1961) présente l'Assemblée dans la première partie de l'ouvrage consacrée aux *Structures et lois de la célébration liturgique*. Le premier chapitre est consacré à la Législation liturgique et les six articles du deuxième à l'Assemblée: 1. *Liturgie et assemblée*; 2. *Importance de l'assemblée liturgique dans la tradition de l'Église*; 3. *L'assemblée est un signe sacré*; 4. *Le Peuple de Dieu dans l'assemblée;* 5. *Les différentes fonctions dans l'assemblée;* 6. *Vêtements et insignes liturgiques*. Dans l'édition post-conciliaire de 1984-1989 en 4 volumes, l'Assemblée est toujours située dans la partie *Structure et lois de la célébration liturgique* (t. 1, 1984, p. 100-121) mais elle en est le premier chapitre; son contenu et l'ordre de présentation des 5 articles (et non plus six: la partie *Vêtements et insignes liturgiques* ayant été déplacée) varient de manière sensible: 1. *Importance de l'assemblée dans la tradition de l'Église*; 2. *L'assemblée est un signe sacré*; 3. *Le Peuple de Dieu dans l'assemblée*; 4. *Les différentes fonctions dans l'assemblée*; 5. *Les actions liturgiques sans assemblée*. Cet art. 5 (1984) prend la place de l'art. 1 (1961). De plus un chap. 2 s'est intercalé en 1984: *De l'assemblée locale*

---

12. On lira le texte de P. DE CLERCK, *L'Église en prière. Introduction à la liturgie sous la direction de Aimé-Georges Martimort*, dans E. CARR (éd.), *Liturgia opus Trinitatis. Epistemologia liturgica. Atti del VI Congresso internazionale di liturgia. Roma, Pontificio Istituto Liturgico, 31 ottobre – 3 novembre 2001* (Studia Anselmiana, 133), Rome, 2002, pp. 229-233.

à l'assemblée universelle où Martimort présente les diverses instances ayant désormais autorité en liturgie: le Saint-Siège, la Conférence épiscopale, l'évêque diocésain. Une étude comparative plus détaillée de l'édition de 1961 et de celle de 1984 montrerait sans doute l'apport de Vatican II mais aussi le peu de remaniement que notre texte a subi. On peut le regretter, mais en positif il faut constater la qualité de la première édition qui reste toujours défendable même après le Concile.

Réflexions finales

Quel est l'apport de Mgr Martimort à la revalorisation de l'assemblée et de la participation active?

Martimort a joué un rôle de précurseur comme théologie de l'assemblée liturgique. Jusqu'à lui, aucun des manuels de liturgie ne faisait place explicitement à ce concept pourtant capital[13]. Quant aux documents officiels, il faut rappeler que l'Encyclique *Mediator Dei* (1947) souligne la portée ecclésiale de la liturgie, mais la dimension d'assemblée n'est pas comme telle présente, le Pape ayant préféré parler de l'Église[14].

1. Que recouvre le mot «assemblée» chez Martimort? Il est souvent utilisé de manière absolue, sans précision: s'agit-il de l'assemblée conçue comme communauté locale ou comme signe de l'Église Corps du Christ dans toute son extension? Le plus souvent, le mot désigne l'assemblée paroissiale locale; les assemblées plus larges, présidées par l'évêque du diocèse, ne sont pas prises en compte dans les cinq articles majeurs considérés. Martimort, dans sa théologie de l'assemblée, pensait-il à l'Église locale ou au moins au rattachement des assemblées locales au diocèse, comme le fera Vatican II? Un contact avec Afanassiev[15] permet de penser qu'il a réfléchi à la question, mais l'ecclésiologie eucharistique du grand théologien russe lui paraissait-elle pleinement acceptable pour la théologie catholique? Il faut rappeler également que l'ecclésiologie de type universaliste dominait la théologie occidentale avant Vatican II et qu'une théologie de l'Église locale n'avait pas encore officiellement droit de cité avant Vatican II. Comme je l'ai fait remarquer, dans l'édition de 1984 de *L'Église en prière,* le chapitre 2 s'intitule *De l'assemblée locale à l'Église universelle: diversité et unité de la liturgie,* mais il y est surtout question de droit liturgique. Secondairement, Martimort mentionne les

13. Cfr. GONZÁLEZ PADRÓS, *L'assemblea litúrgica* (n. 3), pp. 93-108.
14. *Ibid.*, pp. 55-63.
15. Voir *LMD* 40 (1954), note 8, qui fait état d'une conférence de N. Afanasieff intitulée *Le sacrement de l'Assemblée* (Saint-Serge, 1953) dont Martimort a pris connaissance avant même qu'elle soit publiée.

Églises locales et la question de l'inculturation, sorte d'adaptation reconnue comme un droit par Vatican II.

2. Quant à la participation active dans les écrits consacrés à l'assemblée, elle est abordée de manière occasionnelle, soit par le biais de la participation de l'ensemble des chrétiens réunis, soit par l'évocation de la place des acteurs liturgiques qui retrouvent une place au côté du célébrant principal, seul ministre pour ainsi dire dans le cas de la messe non solennelle préconciliaire.

Par ailleurs, même si le concept de participation active de tous et chacun des chrétiens n'est guère souligné explicitement, il est souvent présent de manière implicite. Retrouver l'importance de la convocation chrétienne de l'assemblée, c'est induire un réel engagement de tous, la participation effective de chacun dans le culte chrétien. Parfois la participation est évoquée par le biais du chant ou des attitudes communes, par exemple l'écoute de la Parole. Mais il faut dire que Martimort a fait œuvre de théologien de l'assemblée plus que de la participation active, voulant convaincre les dogmaticiens d'une part, le Magistère d'autre part. Sans la prise en compte de l'assemblée, les rubriques, la théologie de la liturgie et les mentalités n'auront guère eu de chance d'évoluer.

On peut être étonné que le baptême soit peu évoqué comme fondement de la participation active dans les écrits considérés ici. Comme il a déjà été souligné, la théologie officielle du sacerdoce avant Vatican II est encore le plus souvent développée au profit des seuls ministres ordonnés[16].

Ce qui n'était guère possible dans l'édition de *L'Église en prière* en 1961 le sera dans celle de 1984. On peut d'autant plus regretter que cet ouvrage n'ait pas fait l'objet d'une édition profondément remaniée. Mais à ce moment, Martimort a quitté Paris depuis longtemps.

L'assemblée liturgique avant et après Mgr Martimort

Bien sûr, l'assemblée liturgique a toujours été une réalité vécue, au cours des siècles, et le dossier de textes anciens que Martimort n'a cessé de revendiquer montre bien que l'Église des premiers siècles avait une gamme sémantique variée pour la dénommer, qu'elle était très consciente de son importance. Mais à l'époque moderne, il semble qu'aucun traité de liturgie – ou presque – n'a fait état de l'assemblée liturgique. C'est

---

16. Voir les Mélanges offerts à D. Sartore: A. MONTAN – M. SODI (éd.), *Actuosa participatio. Conoscere, comprendere e vivere la Liturgia* (Monumenta Studia Instrumenta Liturgia, 18), Città del Vaticano, 2002.

seulement le retour de l'ecclésiologie qui a préparé le retour du thème de l'assemblée chrétienne.

– Le concile Vatican II et l'assemblée liturgique

Quelques expressions conciliaires peuvent être citées: «présider l'assemblée (*coetus*) *in persona Christi*» (*Sac. Conc.* 33), «se rassembler (*in unum convenire*) pour célébrer le mystère pascal» (*Sac. Conc.* 106, à propos du dimanche). Plus souvent, le texte conciliaire cite l'Église: «le Christ est présent lorsque l'Église prie et chante les psaumes» (*Sacr. Conc.* 7); il magnifie la «célébration commune» (*Sac. Conc.* 27), soulignant l'importance de la participation active de tous et la «préfère à la célébration individuelle quasi privée» (*Sac. Conc.* 30 et 114). On le voit, le vocabulaire de «communauté» voire d'«Église» est plus souvent retenu que celui d'assemblée. Mais l'essentiel est sauf, c'est-à-dire la dimension ecclésiologique de la célébration.

La *Présentation Générale du Missel Romain* intègre la valeur du rassemblement chrétien sur base de la convocation divine: «À la messe, le peuple de Dieu est convoqué et rassemblé» (n° 7), le but des rites d'entrée est «que les fidèles qui se réunissent réalisent une communion» (n° 24), le chant d'entrée peut commencer «lorsque le peuple est rassemblé» (*populo congregato*) (n° 25).

On pourrait examiner chaque des rituels, notamment l'accueil par le président au début de chaque célébration, par exemple celui du baptême d'enfants: «la communauté chrétienne vous accueille avec joie» (n° 41). Le vocabulaire de *coetus* apparaît à plusieurs reprises par exemple dans les eucharisties pour des groupes particuliers (*pro coetibus particularibus*) ou dans les *Assemblées dominicales en l'absence de prêtres*.

– La littérature liturgique après Vatican II

À la suite de Martimort, les liturgistes, particulièrement ceux des langues française, italienne et espagnole feront un usage régulier du terme et de la thématique de l'assemblée; on se souviendra des articles de revue de Th. Maertens, L. Olgiati, A. Pascual, S. Rinaldo, J. Lécuyer, P. Visentin, R. Gantoy et d'autres. Pensons aussi à l'encyclopédie de J. Gelineau *Dans vos assemblées*[17]: on remarquera ici le passage du singulier au pluriel, signe de l'après concile où la diversification progresse, en rapport avec l'usage de plus en plus répandu des multiples langues vernaculaires et de la prise en compte des cultures et milieux divers (inculturation). De même, la revue liturgique de l'abbaye de Saint-

---

17. J. GELINEAU, *Dans vos assemblées. Sens et pratique de la célébration liturgique*, 2 vol., Paris, Desclée, 1971 (t. 1, pp. 17-51); la plus récente édition est en un volume: *Dans vos assemblées*, Paris, Desclée, 1989, pp. 304-367.

André (Belgique) *Paroisse et liturgie* deviendra *Communautés et liturgies*[18]: de nouveau le pluriel apparaît, mais ici c'est le vocable de communauté qui succède à celui de paroisse, et qui a été préféré à celui d'assemblée. En fait, il n'y a pas identité entre assemblée et communauté, comme les sociologues l'ont souvent fait remarquer, l'assemblée étant éphémère tandis que la communauté suppose des liens suivis et un projet commun. Le titre *Communautés et Liturgies* signifie que les diverses liturgies d'aujourd'hui doivent construire les communautés respectives. Pour reprendre le jargon scolastique de Mgr Martimort, la communauté serait en quelque sorte la *res et sacramentum* de l'assemblée liturgique. Parmi les nombreuses éditions des moines de Saint-André, on remarquera également le *Missel dominical de l'assemblée*, et surtout la double collection *Assemblées du Seigneur* présentant le lectionnaire biblique dominical d'avant Vatican II et ensuite le nouveau dominical de Vatican II. Le *Nuovo Dizionario di liturgia*[19] a consacré un article à l'assemblée; de même l'édition française patronnée par H. Delhougne. On rappellera également qu'en 1976, les Semaines liturgiques de Saint-Serge (Paris) ont pris comme sujet l'assemblée liturgique[20].

Par manière de conclusion

Que penserait Mgr Martimort de l'évolution du concept d'assemblée aujourd'hui? Il faut reconnaître que Martimort a souligné la parenté entre toutes les assemblées liturgiques plutôt que leurs différences. Pour une raison évidente d'abord: c'est que le rituel d'avant Vatican II était uniforme, de l'Asie à l'Europe et de l'Afrique aux Amériques, et se déroulait dans l'unique langue latine. Mais plus fondamentalement sans doute, comme théologien de la liturgie, Martimort était passionné par les traits communs à toutes les assemblées, c'est-à-dire l'ecclésialité de chacune d'elle convoquée par le Christ, habitée par sa présence dans l'attente de sa venue en gloire, rassemblant des baptisés pécheurs en voie de conversion, faisant tenir ensemble les catégories humaines les plus diverses.

---

18. De 1975 à 1987 (date de l'extinction de la revue) *Paroisse et Liturgie* s'est appelée *Communautés et Liturgies*; voir A. HAQUIN, *70 années au service du renouveau liturgique: Bulletin paroissial liturgique (1919), Paroisse et Liturgie (1946), Communautés et Liturgies (1975)*, dans *Communautés et Liturgies* 69 (1987) 105-126.

19. *Nuovo Dizionario di Liturgia*, Roma, Edizioni Paoline, 1984 (1 vol.) et H. DELHOUGNE (éd.), *Dictionnaire Encyclopédique de la Liturgie*, Paris, Brepols, t. 1, 1992, pp. 82-91 (art. *Assemblée*).

20. A.-M. TRIACCA (éd.), *L'assemblée et les différents rôles dans l'assemblée. XXIIIe Semaine d'Études Liturgiques, Saint-Serge, Paris 28 juin – 1 juillet 1976*, Rome, Edizioni Liturgiche, 1977.

L'inculturation et l'adaptation, la prise en considération des particularités propres de chaque groupe ou communauté humaine ont bouleversé quelque peu ce schéma. Le concept d'assemblée (au singulier) sculpté par Martimort doit-il être définitivement abandonné au profit de l'usage du mot au pluriel? La situation actuelle rend légitime aujourd'hui le passage du singulier au pluriel, et suggère l'alternance entre les petites assemblées, parfois très homogènes, et les plus grandes assemblées brassées, spécialement le dimanche et aux grands moments de l'année liturgique. Les grandes assemblées et les groupes particuliers ne sont-ils pas deux visages d'Église, deux expériences complémentaires l'une de l'autre? Le petit groupe de quelques foyers chrétiens autour de la table familiale expérimente que l'eucharistie nous rejoint dans le quotidien, au cœur de la vie familiale et donne sens aux engagements de tous les jours. Par ailleurs, la messe dominicale en paroisse ou lors d'un grand rassemblement international soulignera plutôt l'unité à travers la diversité de tous ceux qui confessent le Christ en un moment du temps. Il faut le dire: la théologie de Martimort garde toujours son intérêt; elle exprime la légitimité des assemblées «mélangées» et constitue une sorte d'instance critique face aux célébrations en petits groupes. Invitation à ne pas se replier sur eux-mêmes et sur leur vécu, mais à s'ouvrir, notamment dans l'utilisation du lectionnaire liturgique, la pratique d'une prière vraiment universelle et d'une prière eucharistique digne de ce nom. On pourrait exprimer la préoccupation de Mgr Martimort par les mots de Jésus à la Samaritaine: «Si tu savais le don de Dieu...».

Le souci juridique de Martimort pour définir ce qui est liturgique et ce qui ne l'est pas a perdu quelque peu de son intérêt, mais la question des ministères restera toujours majeure ainsi que celle de la qualité des textes euchologiques utilisés. L'importance de l'Église locale gagnerait à être prise en compte dans la théologie de l'assemblée chrétienne, car nous vivons à l'heure de l'œcuménisme. Enfin, de nouvelles assemblées œcuméniques de prière ont vu le jour; elles sont le signe du cheminement des Églises chrétiennes vers l'unité. Cette donnée aussi doit être intégrée dans une nouvelle théologie de l'assemblée[21].

Faculté de Théologie
Grand Place, 45
B-1348 Louvain-la-Neuve

André HAQUIN

---

21. On se reportera avec intérêt à la contribution du P. Congar, qui rend justice à Martimort pour ses recherches fructueuses et considère également les nouvelles situations et l'apport théologique des dernières années. Cfr. Y. CONGAR, *Réflexions et recherches actuelles sur l'assemblée liturgique*, dans *LMD* 115 (1973) 7-29.

L'ASSEMBLÉE LITURGIQUE AUJOURD'HUI:
PROBLÈMES ET CHANCES

L'atmosphère était plutôt lourde en cet après-midi de Pâques sur le chemin qui conduisait de la ville des rêves évanouis au village retiré. Beaucoup ne quittaient-ils pas Jérusalem, maintenant que le Maître était mort sur la croix, et que l'on ne savait encore rien de la résurrection? Qui en parlait était soupçonné de radotage. L'avenir s'annonçait sombre, on se retirait. Comme actuellement la situation paraît sombre pour beaucoup d'assemblées. Comment cela va-t-il évoluer? Les rêves du concile ne se sont-ils pas brisés sur une série de (r)-évolutions de société, ecclésiales, culturelles. D'autres y perçoivent pourtant des chances. Ils entrevoient une lueur à l'horizon. Le retour vers le haut d'une nouvelle fierté croyante est peut-être plus proche qu'on ne peut l'espérer.

Nous abordons d'abord une série de problèmes qui se situent au point de rencontre de l'ecclésiologie et de liturgie. Les chances dont nous traitons ensuite, nous les trouvons dans une attitude plus modeste du chrétien par rapport à la Parole et à la Réalité.

1. Questions autour du sujet de la liturgie

Beaucoup de questions circulent autour du «sujet de la liturgie». Elles ont trait à la coloration territoriale de l'assemblée dominicale, et à l'articulation entre le sacerdoce commun et ministériel. Les collaborateurs directs du ministère sacré ne font-ils pas partie d'un ministère élargi? Peut-on prolonger cette extension au niveau de l'assemblée? Jusqu'où? Considérons d'abord les changements territoriaux.

1.1. Glissements territoriaux: vers une grande paroisse?

Lors d'une réunion pour «pastores» du diocèse de Breda (Pays-Bas) en 2001, j'ai traité de la nouvelle paroisse et de sa liturgie[1]. Après une introduction consacrée à l'évolution culturo-religieuse durant les cinq

---

1. A. GOOSSENS, *Regionale samenwerking: weerslag op de liturgie. De nieuwe parochie en haar liturgie*, dans *Over grenzen heen. Regionale samenwerking en haar weerslag op de liturgie* (Liturgische Handreikingen, 26), Bisdom Breda, Persdienst, 5-22.

derniers siècles, et un aperçu sur les grandes différences dans l'approche de l'eucharistie durant les vingt siècles d'histoire de l'Église, j'ai exposé les options et expériences dans les diocèses français quant à la «nouvelle paroisse» et sa liturgie.

Paroisse nouvelle et village transformé vont de pair. La cohésion locale paraît changée d'une manière drastique, à partir d'un double glissement dans le comportement. On se retire assez souvent dans sa propre demeure, entouré des media qui «apportent» la vie à domicile. Quant on quitte sa demeure, on se rend chez des amis qui habitent plus loin et vers des centres régionaux culturels et économiques. Les sociologues parlent de «dispersion» et «dissémination». Déficit dans la cohésion locale et manque de plénitude ecclésiale dans les villages se développent quelque part d'une manière parallèle. La fin de la «civilisation paroissiale» est proche. Beaucoup de paroisses ne peuvent plus accomplir les tâches indispensables. Une paroisse suppose – ainsi l'estime-t-on – la présence de tous les aspects de la vie chrétienne: liturgique, catéchétique, catéchuménale et diaconale, à côté de l'accueil et de l'administration. Beaucoup de tâches ne peuvent plus être réalisées au plan local. Cette constatation invite plus d'un à opter pour une «grande paroisse». Nous sommes confrontés à une nouvelle structure paroissiale, qui veut s'établir sur des ensembles significatifs: géographiques, économiques, sociaux-culturels. Nous sommes placés devant une appartenance à une église plus large. Beaucoup d'anciennes paroisses (appelées présentement églises ou clochers) s'insèrent dans une nouvelle entité. Mais des hésitations se font aussi jour. La nouvelle structure n'est-elle pas moins adaptée à la vie concrète que l'ancienne petite paroisse? On admet que la grande paroisse est seulement une «communion de communautés», qui ne peut pas prendre tout en charge. «La paroisse ne concentre pas, elle crée une articulation»[2]. La paroisse évolue vers une communion de «communautés» différentes entre elles. Elle ne les rassemble pas totalement, mais elle crée une connaissance de chacune d'elles et un contact réciproque. Par «communautés» on comprend ces groupements qui n'animent pas tous les domaines de la vie ecclésiale. Certains auteurs utilisent la dénomination «points d'appui pastoraux». Non pas seulement les (restes) des «clochers» antérieurs sont concernés mais également les couvents, les rencontres de foyers, les groupements de jeunesse, les cercles de prière dans la région. La grande paroisse reconnaîtra leur existence et leur consistance croyante.

---

2. J.-M. MALLET-GUY, *Un synode diocésain: dix ans plus tard*, dans *Prêtres diocésains* 1331 (1995) 321.

1.1.1. Organisation de la liturgie dans la grande paroisse

Comment organise-t-on la liturgie dans une grande paroisse? Dans une première phase la nouvelle paroisse occupait une place centrale pour la célébration des moments forts: principalement les offices de la Semaine Sainte, à côté des célébrations de la réconciliation et de l'administration communautaire du sacrement des malades. Des offices qui exigent une intense préparation et un accompagnement solide au moment même, lui étaient ainsi confiés. Parfois ces célébrations, après une préparation «centrale», se déroulaient encore dans différentes églises. Les célébrations dominicaux ordinaires, et de même le baptême, les funérailles et les mariages restaient confiés aux «clochers». La confirmation se mouvait sur le plan de la nouvelle grande paroisse ou était accompagnée et célébrée sur une échelle plus large pour une région. En un second moment (1995) les cartes furent distribuées autrement: la célébration dominicale ordinaire était prévue dans la liturgie de la grande paroisse, sans exclure que certains points d'appui pastoraux organiseraient un service de prière ou même l'eucharistie. La demande était régulièrement adressée à toutes les «communautés» de se retrouver une fois par mois dans la nouvelle entité pour une rencontre qui comprendrait la catéchèse, la liturgie, la bienfaisance à côté d'agapes communes.

Une question qui s'est posée concernait l'éloignement entre le noyau des chrétiens réguliers et les chrétiens marginaux. Quand ceux qui pratiquent le dimanche se dirigent vers un autre bâtiment d'église que ceux qui célèbrent les moments charnières de la vie, et assistent aux mariages et aux enterrements du voisinage, nous nous trouvons devant un cas sociologiquement discutable. Chaque mouvement ne compte-t-il pas des membres qui vivent d'une manière plus proche ou plus éloignée du point central? Cela a-t-il un sens de s'éloigner les uns des autres?

1.1.2. Fédérations dans le diocèse d'Anvers

À côté de l'Église de France, les Pays-Bas et nos diocèses sont aussi affrontés à une territorialité changeante. Dans le diocèse d'Anvers le vicariat fait une distinction entre les paroisses vitales qui peuvent encore assurer une plénitude ecclésiale (mais qui veulent bien collaborer avec d'autres); les paroisses qui deviennent vraiment trop petites et qui se déclarent prêtes à fusionner; et les paroisses qui se fédéralisent autour d'une église centrale. Dans et autour de cette église centrale nous trouvons l'administration, et la liturgie – en particulier l'eucharistie – de la grande paroisse. Le conseil presbytéral a préconisé un quatrième modèle: la fédération sans église centrale, dans laquelle on travaille selon une forme rotative: à tour de rôle les clochers prennent sur eux le travail central. Probablement le modèle de l'église centrale l'emportera. Dans la fédération il faut (au moins) un lieu fixe, où chaque dimanche l'eucharistie est célébrée, en raison de la certitude pour les pratiquants et en raison du rôle du prêtre qui exerce l'accueil et qui ne peut constamment s'adapter aux différents lieux. Dans les autres églises, des services de prière sont organisés lors des funérailles et célébrations de mariage, et peut-être aussi le dimanche...

In concreto nous constatons que dans les fédérations déjà existantes chaque église maintient un moment liturgique le dimanche (ou même le samedi soir), ou même plusieurs. Il s'agit d'une célébration de prière, au cours de laquelle se déroule généralement un service de la parole et de la communion. L'évolution n'est pas arrivée à son point final. Elle diffère de pays en pays. En ce qui concerne l'eucharistie nous constatons surtout le glissement du village ou quartier vers l'église centrale de la fédération.

1.2. *Comment se situent le sacerdoce commun et ministériel? Quelles sont les situations d'urgence?*

D'autres questions se pressent. Qui célèbre la liturgie locale? Qui en est le sujet actif? Nous voulons d'abord y répondre d'une manière théorique pour ensuite considérer une situation devenue souvent précaire.

1.2.1. *K. Koch*

Dans un article remarqué K. Koch s'est étendu sur le triple sujet de la célébration: «primäres, sekundäres und tertiäres Subjekt der Liturgie»[3]. Le premier célébrant est le Christ ressuscité. Il est présent d'une manière active dans chaque liturgie, sans en être le sujet exclusif. En effet l'Église dans sa totalité est en dépendance de sa Tête et, grâce à son orientation vers elle, la seconde porteuse active de liturgie. Par Église il entend tous les baptisés et confirmés. Ils constituent le sacerdoce commun. Le concile a insisté sur le rôle de toute la communauté quand il traita du Corps du Christ avant le ministère hiérarchique sacré. Ce ministère sacré est le troisième sujet actif de la liturgie qui a pour tâche d'unir d'une manière permanente le second sujet (toute la communauté) au Christ[4]. «Le

---

3. K. KOCH, *Die Gemeinde und ihre gottesdienstliche Feier. Ekklesiologische Anmerkungen zum Subjekt der Liturgie*, dans *Stimmen der Zeit* 214 (1996) 75-89.

4. «Denn damit der ganzen Kirche als dem sekundären Subject der Liturgie deutlich vor Augen tritt, dass der Gottesdienst nicht einfach eine kirchliche Veranstaltung ist und dass folglich nicht sie, sodern der auferweckte und erhöhte Christus das primäre Subjekt der liturgische Feier ist, ist sie auf den Priester als das tertiäre Subjekt der Liturgie angewiesen», *ibid.*, p. 78.

ministère est plus que le pur représentant de la communauté. Il est l'image du Ressuscité et se situe donc en face de la communauté».

L'accent sur la présence nécessaire du ministère ne portera pas, de préférence, de préjudice au pouvoir célébrant de tous. Le sacerdoce commun est un acquis. La communauté ecclésiale n'est plus l'objet de la célébration liturgique mais – comme l'exprimait Congar – le sujet intégral et complètement actif[5]. Tous les chrétiens revêtent une dignité semblable de par le sacrement de baptême et de confirmation. Il faut parvenir à une relation harmonieuse entre la célébration commune synodale et la tâche de président ministériel, ainsi l'établit Koch[6]. Mais ceci satisfait-il les questionnements des générations présentes et futures?

1.2.2. Un élargissement du ministère?

La pénurie du nombre de prêtres, associée à l'arrivée de diacres et de nouvelles fonctions de direction, nous conduit à une série de nouvelles questions. Une question générale concerne le sacerdoce des baptisés et des confirmés. Un tel sacerdoce en temps de nécessité ne peut-il pas suffire? Ceci en raison de son statut de second célébrant? Généralement l'interrogation ne se porte pas de ce côté là, mais se porte vers les nouveaux services. L'élargissement ministériel de fait (personnes de contact local, assistant ou assistante pastoraux reconnus) ne peut-il pas conduire à assumer la tâche de la troisième instance célébrante? Jusqu'où oui ou non?

Une autre question est de savoir combien de temps des communautés locales croyantes et l'eucharistie resteront séparées? Est-il raisonnable de chausser la vie ecclésiale d'une trop large pointure, alors que des prêtres disponibles font défaut?

Il y a vingt ans E. Schillebeeckx traitait du droit de la communauté à l'eucharistie. «Les communautés chrétiennes ont droit à l'eucharistie qui ne peut pas être mise hors pratique par l'Église officielle; si une communauté est menacée de se trouver sans ministre (prêtre), alors les conditions d'admission comme la loi du célibat et le ministère pour les hommes seuls doivent s'effacer devant le droit de la communauté à des dirigeants locaux ministériels»[7]. Le cardinal Willibrands a répliqué que le

---

5. Y. CONGAR, *L'ecclesia ou communauté chrétienne, sujet intégral de la liturgie chrétienne*, dans ID., *La liturgie après Vatican II. Bilan, études, prospective* (Unam Sanctam, 66), Paris, 1967, pp. 241-282.

6. KOCH, *Die Gemeinde* (n. 3), p. 84: «Diese Symphonie eines synodales Mitsein und eines amtlichen Fürseins des kirchlichen Amtes ist darauf angewiesen, auch in der Liturgie sichtbar zur darstellung zu kommen».

7. Cité dans J. HERMANS, *De liturgievernieuwing in Nederland*, Brugge, Tabor, 1990, p. 118.

lien essentiel entre eucharistie et Église accorde effectivement le droit à l'eucharistie, mais pas à n'importe quel prix. Cela ne signifie pas qu'une communauté locale a le droit de désigner des présidents d'assemblée à l'insu de l'évêque ... Après un certain temps le dominicain bien connu a répliqué: «La suggestion selon laquelle j'aurais retiré mon opinion qui affirmait que des non-prêtres pourraient présider une eucharistie, est inexacte»[8].

1.2.3. Ecclésiologie en face de christologie?

Nous savons que les sacrements disposent d'angles d'incidence anthropologique, théologique, christologique et ecclésiologique. Le temps n'est-il pas arrivé de réfléchir sur la hiérarchie entre ces «composantes»? En cas de nécessité ne peut-on pas fignoler quant au poids de la composante ecclésiologique des sacrements? Cela devrait faire l'objet d'un examen approfondi.

La composante ecclésiale est fort présente dans la récente encyclique: «Ecclesia de eucharistia»[9], dans laquelle le lien entre eucharistie et Église / direction ecclésiale est à juste titre souligné. Mais ne traite-t-elle pas trop peu du lien entre eucharistie et le souhait exprimé par Jésus d'une manière claire: «faites ceci en mémoire de moi»? Ne devient-il pas trop difficile pour les communautés de «vivre de l'eucharistie»? Le motif ecclésiologique n'est-il pas placé au dessus des désirs de Jésus? On admet de plus en plus aisément qu'en certaines circonstances l'eucharistie peut être célébrée en dehors de la présence du ministère sacré. Certes cela peut provenir d'un esprit rebelle, mais ne minimise-t-on pas trop, d'autre part, du côté de la direction de l'Église la gravité de la situation d'urgence? Est-il permis d'attendre le salut d'un tel élargissement du ministère sérieusement préparé?

Des réunions dominicales sans prêtre-président sont considérées dans l'encyclique comme une solution provisoire quand un prêtre ne peut vraiment pas être présent. Laïcs et religieux président alors sur la base du sacerdoce commun des fidèles, fondé sur la grâce du baptême. Il s'agit de «célébrations sacramentellement inachevées» qui sont temporaires, et dans lesquelles on dit «attendre» un service eucharistique complet (On doit également faire appel – si la situation se présente – à un prêtre occasionnel qui n'a pas encouru d'empêchement canonique de célébrer). Combien de temps cette «attente» va-t-elle durer? Quand il y a peu

---

8. *Ibidem.*
9. «Ecclesia de eucharistia». Lettre encyclique du pape Jean-Paul II sur l'Eucharistie dans son rapport à l'Église, dans *La documentation catholique* 85 (2003) n° 8, pp. 368-390.

d'espoir en un rapide retournement dans l'accession au ministère, quel contenu possède alors une telle «attente»? Des dérives ne sont-elles pas ainsi suscitées?

Le ministère dans l'Église ne connaît pas ses jours les plus faciles. Mais pas davantage le sacerdoce commun qui constate que son désir de l'eucharistie reste sans réponse.

Certes on connaît des exemples dans les jeunes églises où des «catéchistes» ou «mokambi» président des assemblées dominicales sans prêtre. L'ancienne Allemagne de l'Est peut être citée où des services de la parole et de communion se tiennent, en relation avec une eucharistie tenue au cours d'un même dimanche dans une église centrale.

Des questions se posent quant au statut, contenu et modèle de tels services. Une différence peut-elle être faite entre les plus anciennes Églises dans leurs nécessités actuelles et les jeunes Églises en édification? Faut-il utiliser partout les mêmes critères?

2. Questions autour du contenu des célébrations liturgiques

2.1. Au sujet de l'eucharistie et du service de la parole et de la communion

Depuis les origines le dimanche et l'eucharistie vont de pair. Aujourd'hui dans nos régions ce n'est plus évident. Un service de la parole et de la communion peuvent-ils leur être substitués? Qui va présider ce service? Quelle est sa meilleure présentation sur le plan théorique? Quelle en est la structure la plus favorable du point de vue pastoral? Beaucoup de questions se posent à ce propos.

Nous avons déjà signalé que la récente encyclique prévoit qu'un service de la parole et de la communion peut être tenu le dimanche à certaines conditions et comme un phénomène d'attente. Et cela se passe ainsi. Son déroulement est généralement semblable à celui de l'eucharistie. Même ouverture et même structure pour le service de la parole, tandis que la partie eucharistique ne s'en tient pas comme p.ex. au déroulement du Vendredi Saint, mais reprend le déroulement eucharistique traditionnel: après les prières d'intercession et la préparation des ciboires, une grande prière d'action de grâces est proclamée dans laquelle le récit de l'Institution est parfois inséré sous une forme de citation «maintenant notre prêtre s'il était présent, dirait...». Le Notre Père, le baiser de paix, l'Agneau de Dieu précèdent la communion. D'autres préfèrent un déroulement assez différent dans lequel les prières d'intercession se terminent avec le Notre Père, suivies ensuite de la procession de la communion. Après un moment de silence une prière d'action de grâces est formulée, conçue en d'autres termes que ceux prévus dans la prière eucharistique.

Une problématique subséquente s'établit dans certaines soirées de formation. Partant de la position que communier constitue le sommet de l'eucharistie, on en conclut à une dignité égale entre le service de la Parole et de la communion d'une part, et de l'eucharistie d'autre part. La distinction devient malaisée. La présence plus active du Ressuscité dans l'eucharistie complète – ainsi l'établit-on – ne peut pas être comparée à une présence plutôt passive dans le service de communion. Qui s'en tient tout de même à la différence, ergote. Le caractère d'attente de l'autre service, dont traite la récente encyclique ne vit pas chez ceux qui dans leur «égalité en dignité» trouvent un stimulant pour motiver les croyants quant à la pratique dominicale. Une catéchèse prudente est de rigueur.

2.2. Un troisième terme: l'assemblée liturgique le dimanche?

Peut-on se hasarder à une autre tentative d'«égalité», par l'adjonction d'un troisième terme collectif: «l'assemblée liturgique du dimanche». Au cours de cette assemblée est célébrée une semaine l'eucharistie, tandis qu'on se réunit le dimanche suivant pour un service de la Parole et de la communion? Un tel terme englobant est-il théologiquement défendable?

Quittons le sentier des difficultés sur lequel se rencontrent à la fois une culture biblique déficiente, une incompréhension quant à l'exacte structure de l'eucharistie, et un rôle d'animation exagéré du président actuel[10], et portons nous vers des points de clarté pour l'assemblée de nos jours.

3. Vers un «étalonage» renouvelé de la liturgie

Lors de journées liturgiques à Blankenberge en décembre 2002, j'ai traité de «her-ijkingen» et «verrijkingen» liturgiques. Avec «her-ijking» (ré-étalonnage) est entamé un processus fondamental, tandis que «verrijking» (enrichissement) se porte sur des éléments partiels des plus importants processus. J'exprimais le souhait que – tout en conservant l'acquis positif des courants antérieurs – on pourrait à présent connaître un nouveau «ré-étalonnage»[11].

---

10. L.M. CHAUVET, *La présidence liturgique dans la modernité: les chances possibles d'une crise*, dans J. LAMBERTS (ed.), *'Ars Celebrandi'. The Art to Celebrate the Liturgy. L'art de célébrer la liturgie* (Textes et Études liturgiques. Studies in Liturgy, 17), Leuven, Peeters, 2002, pp. 49-64.

11. A. GOOSSENS, *Herijken en verrijken. Sacramenten waarheen? Reflectie en perspectief*, dans *Tijdschrift voor Liturgie* 87 (2003) 137-157.

3.1. Ré-étalonnages précédents

Comme premier ré-étalonnage citons le mouvement liturgique dans sa préoccupation particulièrement croyante et dans sa redécouverte des données de base historiques. Grâce à son enthousiasme, les sacrements ont été transformés en assemblées de fidèles et pourvus d'un contact étendu avec les Écritures, de sorte qu'ils pouvaient se détacher de leur signification fixiste. Grâce aussi à ce même mouvement les sacrements s'épanouirent en une grande prière.

Le courant catéchétique et pastoral des années septante a constitué un second ré-étalonnage. La signification proche de la vie des sacrements a fait grand bruit. K. Rahner a été suivi dans sa vision sur la présence intime (*inwezigheid*) de Dieu dans toutes nos actions. La liturgie devenait fonction d'une vie plus large grâce à son option pour le courant de sagesse à l'intérieur de la Bible. Ce courant véhicule une vision positive sur les nombreux éléments de notre existence humaine. Les critiques de Wainwright sur une telle coloration, jugée trop positive, n'ont pas été retenues[12]. Dans ce second ré-étalonnage la chaleur de la présence humaine envers tous et un chacun remplit un rôle crucial. Il en va d'une dimension pastorale, qui apporte joie et animation dans la célébration, d'une manière jusqu'alors ignorée.

Un troisième processus est moins connu: nous faisons allusion à une attention renouvelée pour l'élément suprapersonnel dans chaque célébration. Cet élément corrige une coloration trop subjective de la rencontre liturgique. La sagesse du rite existant dans son caractère allocentrique veut apporter un moment de respiration à notre époque égocentrique. Les rites et les choses ont leur langage qui se mêle au mien et qui crée un équilibre[13].

Nous ne pouvons pas ignorer les richesses acquises par les processus fondamentaux évoqués plus haut, mais il est cependant agréable de pouvoir signaler un quatrième ré-étalonnage. Une nouvelle fierté de notre condition de chrétien, jointe à l'estimation fraîche de la force propre de la réunion célébrante, peut produire un retournement. La fierté d'être chrétien est manifestement plus précocement et fortement présente dans d'autres pays que dans le nôtre. Mais elle fera également son apparition chez nous. Savoir que croire constitue un appui propre à la réalité, dans la persuasion presque naïve que la force douce l'emporte sur des tas

---

12. G. WAINWRIGHT, *Weltkirche und Sakramententheologie*, dans *Theologische Quartalschrift* 165 (1985) 266-281.

13. G. LUKKEN, *De overkant van het menselijk ritueel. Herbezinning vanuit fenomenologie en semiotiek op antropologische en theologische lagen in het christelijk ritueel*, dans *Tijdschrift voor Theologie* 41 (2001) 145-166.

d'autres attitudes, peut transformer notre présence dans l'assemblée, et apporter un esprit nouveau aussi bien dans la liturgie que dans les colloques pastoraux, les rencontres bibliques, les contacts entre parents. Cette confiance dans la tradition évangélique dans laquelle nous nous situons, devient une important ré-étalonnage pour la pastorale sacramentelle. Nous citons quelques caractéristiques.

3.2. Demaîtrise: laisser Dieu faire

«Demaîtrise» est une première caractéristique de cette vision anthropologique renouvelée. Elle vise le processus mystérieux de l'homme à la recherche du Mystère innommable, le «Sacré». Elle se porte également sur une ritualisation autrement colorée de notre profession de foi[14].

«Demaîtrise» signifie opposition à une religiosité assoupie. Elle cherche le silence et est soutenue entre autre par d'anciennes et nouvelles formes d'art véridique. La liturgie n'est elle pas le lieu par excellence pour céder la préséance à l'Autre par le détachement du propre savoir et pouvoir? Une nouvelle attitude dans la liturgie doit remplacer l'accaparement rationalisant et autonome de la rencontre[15].

De même jouir (*fruitio*) va gagner en importance dans nos rencontres. Les dangers inhérents à certaines manifestations de spiritualité débridée ne peuvent pas nous empêcher d'avancer sur ce terrain. Pourquoi ne cherchons nous pas des liens plus étroits avec p.ex. le motif hindou de la lumière. Dans la mouvance orientale les «porteurs de lumière» accordent leur aide à la personne malade et diffusent une présence douce comme remède contre la perte de sens menaçante.

3.3. L'art de célébrer

Nous ne nous fixons pas tellement sur diverses manifestations artistiques, bien qu'elles puissent amener un contact renouvelé avec les couches profondes de notre condition humaine. Il s'agit de l'art de présider, dans lequel les données de base de chaque liturgie apparaissent vitales: le

---

14. E. SCHILLEBEECKX, *Naar een herontdekking van de christelijke sacramenten: Ritualisering van religieuze momenten in het alledaagse leven*, dans *Tijdschrift voor Theologie* 40 (2000) 164-187.

15. L.-M. CHAUVET, «Ce qui est ici mis en cause, ce sont précisément des dérives, lesquelles sont sans doute largement liées à la conjoncture culturelle du sujet et de son désir de maîtrise du réel. Or la liturgie, on le sait, est par excellence le lieu de la demaîtrise». *La liturgie demain: essai de prospective*, dans *La liturgie, lieu théologique* (Sciences théologiques & religieuses, 9), Paris, 1999, p. 208.

rassemblement, l'usage des Écritures, la profondeur de la parole priante, l'humble prise en mains des rites et des choses.

On nous demande de promouvoir la *vérité* de chaque moment dans la liturgie. Que nous fassions ce que nous disons, plutôt que d'annoncer chaque fois ce que nous allons faire. «Prions le Seigneur» doit être suivi d'un espace de temps durant lequel nous entrons véritablement en prière, puis le président de l'assemblée énoncera toute cette force silencieuse de prière. Voix et rythme contribuent à la beauté et à la véracité d'une célébration. Pourquoi pas plus d'attention aux attitudes? Une demande de réconciliation requiert une attitude adéquate de la part des célébrants. Pourquoi ne pas nous fixer dans les mots que nous prononçons?

La période à venir ne peut-elle pas accorder de l'espace aux aspirations, au désir du chrétien, en reconnaissant les dimensions cachées de la vie, là où les temps écoulés ont presque accordé une préférence exclusive à la raison?

N'aurions nous pas profit à établir une différence entre cette participation active consciente dont parlait le Mouvement Liturgique et une attitude encore plus profonde: être conscient que nous participons à des événements particuliers? Vivre d'une manière responsable le passage de la vie multiforme vers l'espace et le temps liturgico-sacramentel devient essentiel à une époque où le christianisme ne va plus de soi dans toutes les couches de la population. Les célébrations ont pour but de soulever notre être personnel en faisant ressentir ce que signifie d'être chrétien selon toutes les dimensions du credo.

Modestie dans la conviction que la richesse totale des sacrements ne nous sera jamais connue, peut signifier une aide: la «demaîtrise» y est activée, de sorte que le passage de l'Aufklärung actuel avec sa préférence pour la raison humaine vers une foi «romantique» améliorée (disons à présent spirituelle), peut être hâté.

3.4. *Triacca*

Déjà dans les années quatre-vingt A.M. Triacca écrivait: «Participer à la célébration suppose une action rituelle extérieure (gestes, rites, langage, langue, adaptation), mais il ne suffit pas de poser des signes liturgiques de manière adéquate et appropriée. Il faut encore transcender et dépasser le cadre sémantique rituel pour atteindre le cœur de l'action liturgique. En d'autres termes, la participation externe (celle qui est faite de comportements extérieurs: répondre, chanter, se lever, se mettre à genoux, etc.) n'est que le premier stade de la participation à la célébration, qui est l'identification subjective et objective au *mysterium-sacramentum*[16].

Et un peu plus loin: Le véritable renouveau liturgique veut nous introduire dans le cœur de la célébration et rendre possible que nous allons vivre ce que nous célébrons, de sorte que nous pouvons donner plus tard d'une manière festive forme à la vie «approfondie»[17].

Passer de la réforme liturgique au ressourcement liturgique reste le défi fondamental. Comprenons-nous suffisamment que la liturgie tend à la «redimension» de l'homme, qui s'insère dans le grand ordre des choses, dans une fière dépendance de tout ce qui est et avec la conscience des limites de son propre pouvoir. Célébrer la liturgie est «d'être fidèle à Dieu» et par là «fidèle à l'homme»[18].

3.5. Faire confiance dans les fonctions de la liturgie

De nos jours le luthéranisme allemand a découvert le premier le trésor des possibilités que recèle la liturgie. Il souligne les forces génératrices humaines de plusieurs «fonctions» liturgiques fondamentales. Et il nous présente avec joie sa découverte.

3.5.1. Le rôle du préverbal

Bieritz[19] part de l'intérêt renouvelé dans des cercles luthériens pour la valeur propre des rencontres liturgiques. Là où celles-ci étaient totalement rapportées au «culte de l'existence vécue, quotidienne», des objections sont à présent émises quant à une telle dépendance. L'auteur apporte des considérations à partir des sciences humaines: psychologie, sociologie, enseignement de la communication; à partir de la doctrine sur la fête; et à partir de «l'actuelle sacralisation ou fascination». Il pénètre davantage dans les vues qu'on présente sur divers procédés de groupes au sujet d'apprendre, d'expérience de rôle, d'échange verbal et non-verbal. L'attention se porte aux fonctions positives des rites. Ils rendent la vie sociale possible en épargnant à l'individu la charge d'une créativité sans

---

16. A.M. Triacca, *Participation*, dans *Dictionnaire encyclopédique de la liturgie*, vol. II, Turnhout, Brepols, 2002, p. 158 (édition originale: *Nuovo Dizionario di Liturgia*, Roma, Paoline, 1984).

17. *Ibid.*, p. 163: «introduire au cœur de la célébration, leur permettre de vivre ce qu'ils célèbrent, afin qu'ils célèbrent de manière authentique tout ce qu'ils vivent». L'auteur établit une distinction judicieuse entre le *mouvement liturgique* et la *réforme liturgique*, qui ne peut réussir que quand a lieu un profond *renouveau liturgique*.

18. *Ibid.*, p. 164.

19. K.H. Bieritz, *Ansätze zu einer Theorie des Gottesdienstes*, dans *Theologische Literaturzeitung* 100 (1975) c. 721-737.

cesse renouvelée. Ils offrent des formes d'articulation. Ils nous aident à surmonter notre angoisse.

Il met à l'ordre du jour le préverbal: le son des cloches, le jeu préparatoire de l'orgue, l'habillement du président. Tout cela influence l'émotivité des présents, et produit (ou – en cas d'absence – freine) la réceptivité.

3.5.2. *Orientation, expression libératrice, affermissement*

À son tour P. Cornehl découvre trois fonctions de la liturgie. Celle-ci ne présente-t-elle pas en premier lieu d'importantes figures d'orientation qui sont propres à la religion, à travers la symbolique, le récit et le commentaire[20]? Ne nous aide-t-elle pas ensuite à sortir de nous-même, et d'articuler nos besoins, notre crainte, mais aussi notre espérance? Nous tendons vers l'Infini et nous nous retrouvons transformés à travers un événement spécifique de rencontre. Dans sa force d'expression la liturgie devient un lieu où nous échappons au joug de l'oppression, et devenons des hommes libres. La liturgie est une action d'expression libératrice. Plus qu'un moyen pour atteindre quelque chose, elle laisse les personnes présentes se renouveler d'une manière dégagée. N'est-elle pas enfin une «confirmation supérieure de la vie»? Les hommes hésitent très souvent entre négativisme et positivisme, et leur problème fondamental paraît de surmonter une inclination pessimiste. Le culte contribue à ce dépassement, car il conduit à une plus large participation à la vie. Dans les célébrations la «Vie» est offerte, et une communauté brisée renouvelée.

Cornehl applique de telles fonctions à la liturgie chrétienne. Dans la fonction d'orientation, il souligne la valeur des Écritures, et l'année liturgique. L'homélie comme une plaidoirie non-controversielle pour une vue particulière sur (des aspects importants de) la vie, présente à son tour des perspectives pour une assemblée. Dans notre société pluraliste cette fonction va gagner en importance. Là où l'orientation nous est présentée par d'autres chemins, il n'en est pas ainsi pour l'expression qui reste à son niveau quand à côté de suffisantes reprises du passé, se produit aussi un renouveau dans les modalités. Ensuite l'expression se heurte à ce que Cornehl appelle le nouveau «cultus publicus»: T.V., concerts-rock, grandes manifestations de football, disco. Il signale les «icônes électriques» de notre temps qui conduisent à une identification avec des idoles.

---

20. «... Der Kult stellt das Orientierungswissen öffentlich dar durch symbolische Repräsentation, dramatische Inszenierung und verbindliche Interpretation», P. CORNEHL, *Theorie des Gottesdienstes: ein Prospekt*, dans *Theologische Quartalschrift* 159 (1979) 181.

Mais un rejet total de la «liturgie extra-ecclésiale» moderne ne paraît pas équitable...

L'importance de la troisième fonction est également soulignée. Là où à certaines époques la vie des certitudes abonde, nous constatons à présent le contraire. Aussi la liturgie est-elle d'une importance essentielle dans sa fonction de «confirmation». Elle soutient le croyant à se tenir en vie[21].

La liturgie y remplit une fonction transitive: les gens passent du chemin de la lamentation vers la louange; de sentiments de culpabilité vers une expérience de pardon; d'écoute de la Parole vers une réponse confessante.

Aussi W. Jetter attache de l'importance à la fonction de transition de la liturgie. Il établit que le passage symbolique du non-culte au culte – et dans ce culte de l'écoute vers la prière et de la prière vers l'action –, va de pair avec le passage incessant de l'incroyance à la croyance. Dans cette transition sans cesse renouvelée il découvre la définition essentielle de la foi, certainement en notre temps menacé. Chaque fois être repris dans l'aventure divine de l'amour qui s'offre: il en va de cela. Nous vivons dans le temps du déjà *et* du pas encore. La vérité n'est pas encore totalement dévoilée. La véritable place de la foi est dans la «transition», le passage[22].

Bien que nous ne réalisons que certaines de ces fonctions dans une liturgie sobre, bien préparée et structurée, même alors se produit le salut, et nous répondons à notre tâche pastorale, précisément aussi dans et par ce domaine. Puisse le paysage ecclésiologique-liturgique ne pas y faire trop obstacle!

Hovestraat 73   André GOOSSENS
B-2650 Edegem

---

21. «... Ziel der gottesdienstlicher Kommunikation ist nicht nur der Ausdruck und Austausch von Gewissheiten, sondern deren Konstitution. Bezogen auf das Grundproblem der Überwindung der Negativität und entfaltet als Thema der Erfahrung heisst das: Es geht im Gottesdienst zentral um die Vergewisserung des Glaubens im Aushalten und in der Überwindung der Anfechtung», *Ibid.*, p. 192.

22. W. JETTER, *Symbol und Ritual. Antropologische Elemente im Gottesdienst*, Göttingen, Vandenhoek & Ruprecht, 1978, p. 304 écrit: «(Der Glaube) ist metaphorische oder transitorische Existenz, Dasein im Uebergang. Kein 'neues Sein', sofern dies zu statisch, als geistlicher Besitzstand, als unverlierbare seelischer oder praktischer Habitus und nicht als ein 'Sein im Werden' aufgefasst würde. Vielleicht sagt man besser: ein neues Da-Sein, eine neue Weise, dazusein in der Zeit und in der Geschichte; Präsenz in Präsenz Gottes, Dasein in einem symbolischen Transitus. Beteiligt werden am Sakrament und Exempel Christi, Einbezogensein in das 'sinnstiftende Gottesabenteuer der sich offernden Liebe'».